인도네시아어 첫걸음

www.donginrang.co.kr

디지스 인도네시아어

카카오플러스에서 1 : 1 상담으로
함께 공부하세요!

저자 이주연
감수 Yulius William
5판 1쇄 2024년 9월 20일
발행인 김인숙
발행처 디지스
Editorial Director 김인숙
Cover Designer 김미선
Designer 이선영
Printing 삼덕정판사

139-240
서울시 노원구 공릉동 653-5
대표전화 02-963-2456
팩시밀리 02-967-1555
출판등록 제 6-694호
ISBN 978-89-91064-69-0

Q. 플러스친구는 어디에서 찾을 수 있나요?

① 카카오톡 친구탭, 채팅탭 상단의
검색창에서 찾을 수 있어요!

② 상단 검색창에서
플러스친구검색이 가능합니다.

③ 안드로이드에서는 상단 돋보기 **검색아이콘**을
클릭하여
원하는 플러스친구를 찾아보세요!

④ IOS에서는 **검색창을 클릭**하여
원하는 플러스친구를 찾아보세요!

Q. 내가 추가한 플러스친구는 어디서 볼 수 있나요?

친구목록의 '플러스친구' 그룹을 클릭하면
내가 추가한
모든 플러스친구를 확인할 수 있어요!

_일러두기

1_ 본서에서는 초보자들의 학습을 위해 한글발음을 표기 하였다.
최대한 원음에 가깝게 표기하였으나 정확하게 표현하는 데는 한계가 있으므로, 실제 인도네시아인이 녹음한 발음을 들으며 연습하도록 하자.

2_ 인도네시아는 자바어, 순다어등의 지역어를 포함해 약 500개가 넘는 다양한 언어를 사용하지만, 본교재는 인도네시아의 표준어인 바하사 인도네시아어_ Bahasa Indonesia 를 중심으로 하였다.

특히, 인도네시아어를 처음 배우는 분들을 위해 저자가 현지에서 배운 경험을 토대로

1 현재 인도네시아에서 사용하는 생생한 표현을 중심으로 회화를 배우도록 구성
인도네시아에서 부딪히는 상황에 따라 그와 관련된 풍부한 회화문과 예문을 만들었으며, 까다롭고 복잡한 문형은 가급적 피하고 가장 간단하면서도 필수적인 문형이 들어가도록 대화문을 구성하였다.

2 회화에 꼭 필요한 핵심적인 문법만을 골라 재미있는 일러스트로 설명

3 한국어발음을 표기해 놓아 누구라도 쉽게 시작할 수 있도록 함

4 인도네시아에서 통하는 회화 따라하기
원어민이 녹음한 발음을 들으며 따라서 연습할 수 있도록 하였다.

5 구어체식 표현과 단어를 별도로 구성
인도네시아어를 어느 정도 구사는 하지만, 실제 현지인이나 친구들과 대화할 때 자주 사용하는 구어체 표현 모음을 부록에 따로 마련해 놓았다.

3_ 원어민이 녹음한 내용을 MP3로도 제공하므로, 언제 어디서든지 휴대하여 학습하도록 한다.

_머리말

한국사람들에게 관광지인 발리Bali 와 인도네시아 볶음밥인 나시고렝 Nasi Goreng 으로 잘 알려진 인도네시아는 한국과 정치, 경제, 문화적으로 활발한 교류가 이루어지고 있습니다.

1966년에 한국과 인도네시아간 영사관계가 수립된 이래 인도네시아와의 교역량은 꾸준히 증가하여 현재 인도네시아는 우리나라의 10대 수출국이 되었습니다. 석유, 천연가스, 석탄, 광물, 산림자원 등 천연자원이 풍부한 자원부국인 인도네시아에는 많은 한국 기업들이 진출해 있으며, 동남아시아 국가 중에서 인도네시아는 한국 기업들이 비즈니스를 성공적으로 할 수 있는 나라로도 알려져 있습니다.

양국간 인적교류도 활발하여 인도네시아에 거주하는 한인과 한국에 거주하는 인도네시아인 근로자는 약 7천만 명에 달하며, 매년 증가하는 인도네시아인 유학생 수까지 포함하면 한국에 거주하는 인도네시아인들은 더 많이 늘어날 것으로 보입니다. 특히, 동남아시아에 퍼진 한류열풍과 더불어 인도네시아 정부의 관광산업 육성정책으로 양국간 전통문화 공연과 행사가 활발하게 열리는 등 많은 문화교류 및 인적교류가 증가함에 따라 인도네시아어에 대한 관심과 인도네시아어 필요성이 늘어나고 있습니다.

본 교재는 저자가 대학교, 대학원에서 인도네시아어를 공부하고 현지에서 인도네시아어를 배우고 인도네시아를 겪은 경험을 토대로 인도네시아어를 무조건 쉽게, 무조건 재미있게 배울 수 있도록 만들었습니다.

마지막으로 이 책을 위해 바쁜 와중에도 많은 도움을 주고 인도네시아어 감수를 해준 Yulius William께 진심으로 감사 드립니다.

이 책의 구성과 활용법

오늘날의 인도네시아어

알파벳과 발음

인도네시아어의 기본적인 알파벳과 발음을 익히는 코너이다. 모음과 자음부터 쉽게 시작한다.
영어의 알파벳과 대부분 비슷하게 발음하지만 다른 발음들이 있으므로 주의해서 연습하도록 하자.

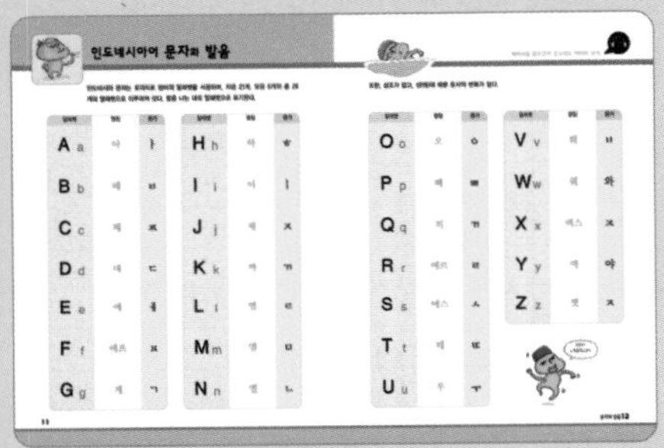

기본문법

왕초보가 쉽게 따라하는 기본회화

왕초보가 쉽게 인도네시아어에 친숙해질 수 있도록 가장 기본적인 회화문을 구성하였다.
본문 시작 전, 인도네시아어의 기본회화문과 기본문법을 익혀두면 쉽게 인도네시아어를 접할 수 있다.

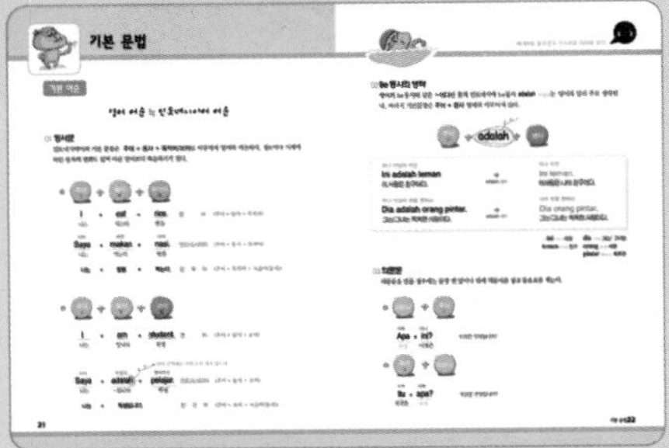

본문

현재 인도네시아에서 사용하는 아주 쉬운 회화

인도네시아의 일상생활을 위주로 대화문을 구성하였다. 또한 가능한 간단하고 쉬운 문장들로만 구성하여, 처음 배우는 초보자들도 누구나 쉽게 실생활에 회화를 구사할 수 있도록 하였다.

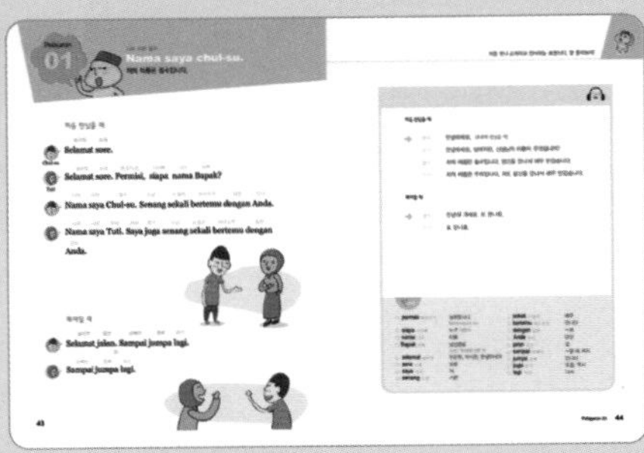

단어

어떤 언어를 공부하든 단어를 익히는 것은 그 언어 학습의 시작이다.
새로 나온 단어들 위주로 수록하였으며, 본문을 시작하기 전 미리 익힐 수 있도록 녹음하였다.

아주 쉬운 해설

회화에 꼭 필요한 기초 문법들만 알기 쉽게 설명하였다.
재미있는 일러스트로 쉽게 , 재미있게 이해할 수 있다.
여기 나오는 문법은 회화에 꼭 필요한 것들이므로 잘 알아두도록 하자.

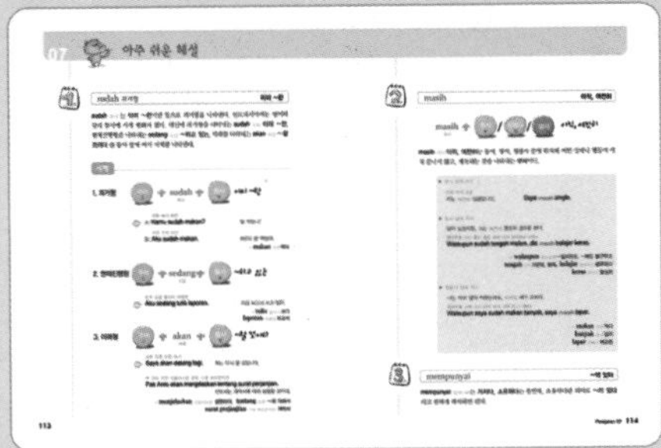

인도네시아에서 통하는 회화 따라하기

본문에 나온 문장 중, 중요한 문장을 다시 한 번 회화로 연습하는 코너이다.
기본 패턴에 다른 단어들을 번갈아 넣어 연습하다보면, 저절로 문장의 패턴이 머릿속에 기억될 것이다.

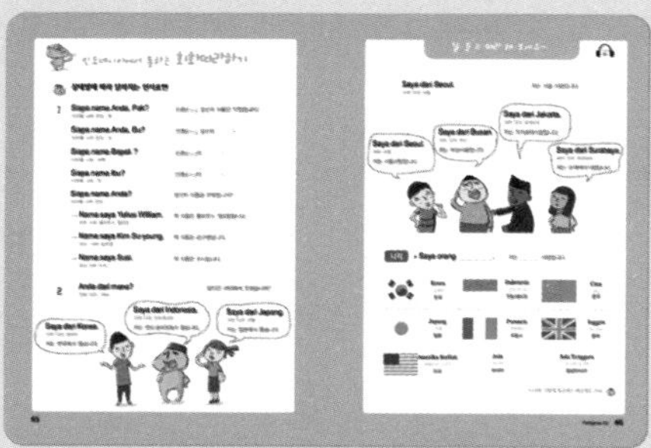

인도네시아 문화 엿보기

인도네시아문화를 알면 인도네시아어가 한결 쉽고 재미있어 진다!
언어는 항상 그 나라의 문화가 살아 숨쉬는 것! 인도네시아 문화를 모르면 진정한 언어를 할 수 없다. 또한, 우리와는 다른 문화를 재미있게 읽어가다 보면 인도네시아가 한층 가까워질 것이다.

부록

현지에서 가장 많이 사용되는 구어체 표현

교과서로 배우는 인도네시아어가 아닌 일상생활에서 흔히 사용되는 구어체식 표현을 따로 모아 놓았다. 이러한 표현은 자신의 인도네시아어 실력을 한층 더 업그레이드 시켜준다.

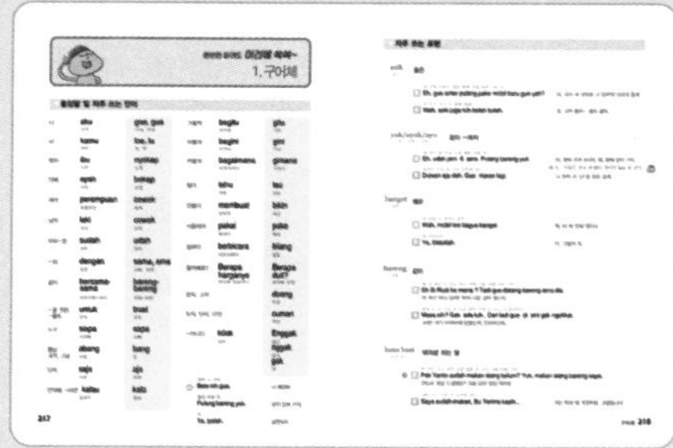

| 차례 |

오늘날의 인도네시아어

인도네시아어란?

수 많은 크고 작은 섬에서 300여종 이상의 종족으로 구성된 인도네시아는 30종 이상의 지방어가 있다. 인도네시아의 국어는 인도네시아어 **bahasa Indonesia** 바하사 인도네시아이다. 인도네시아어는 예로부터 말라카 해협에서 무역을 목적으로 사용된 말레이어와 유사하다.

다민족과 언어

수 많은 섬으로 이루어진 지리적 여건으로 인해 인도네시아는 자바족, 순다족, 바딱족, 아쩨족 등 300여 종족으로 구성된 다종족 국가이다. 각 종족의 고유한 문화를 바탕으로 종족마다 각각 다른 지방어와 관습을 가지고 있다. 자바족은 전체 인구의 45%정도를 차지한다.

또한, 자바어는 지위, 나이, 친밀한 정도에 따라 쓰는 어휘가 달라진다.

순다족은 주로 자바섬 서부에 거주하고 순다어를 쓴다. 인도네시아를 구성하는 민족 가운데 자바족에 이어 두 번째로 많다. 대부분 이슬람교를 믿는다.

바딱족은 인도네시아에서 가장 엄격한 부계 중심의 대가족제도를 유지하는 부족으로 대부분 아쩨 Aceh 주, 북부 수마뜨라 Sumatera 에 거주하고 있다.

일반적으로 인도네시아인들은 바딱족의 기질을 한국인과 유사하다고 말하기도 하는데, 바딱족은 성격이 급하고 거칠고 말투 또한 거친 것이 특징이다.

바딱족은 우리나라 사람과 같이 '욱' 하는 성격이 있지만, 기분상한 일을 마음속에 담아두지 않아 뒤끝이 없다.

이처럼 수많은 섬에서 수많은 종족으로 구성된 인도네시아는 국가 이데올로기로 서로 다른 다양한 종족들이 함께 어우러져 하나의 통일된 국가를 형성하려고 노력하였다.
이러한 것을 Bhineka Tunggal Ika 비네까 뚱갈 이까 즉, 다양성 속의 통일성이라고 칭하였다.

우리는 통일을 원한다!!
옳소!!

인도네시아어가 인도네시아의 공식적인 공용어로 지정된 것은 네덜란드 식민지배로부터 독립을 하기 위한 민족주의 운동기인 1928년 10월 27일과 28일에 개최된 인도네시아 청년회의**Sumpah Pamuda** 숨빠 빠무다 에서이다.

여기에서 인도네시아 청년남녀는 인도네시아 민족은 단 하나의 민족이며, 인도네시아어라는 통일언어를 사용한다고 선언을 하였다.

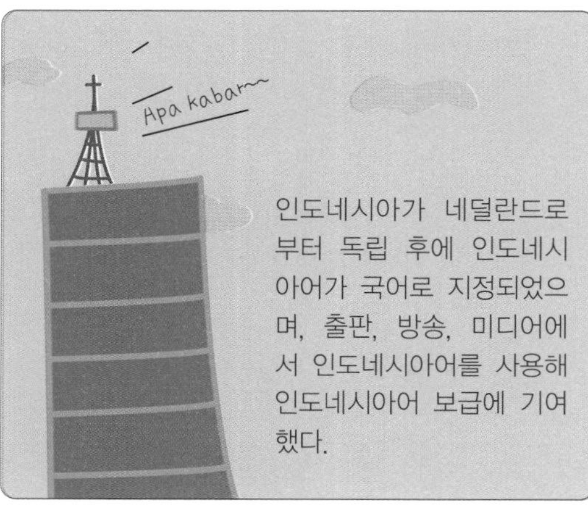
Apa kabar~~

인도네시아가 네덜란드로부터 독립 후에 인도네시아어가 국어로 지정되었으며, 출판, 방송, 미디어에서 인도네시아어를 사용해 인도네시아어 보급에 기여했다.

그럼 지방어는
더 이상 없는 거야?

아니, 인도네시아에서 지방어는 여전히 많이 쓰이고
있고, 각 지방에서 교육은 인도네시아어로 받지만,
일상생활에서 사람들은 지방어로 의사소통을 하기도 해

화인 華人

인도네시아 화인은 인도네시아 인구의 3%에 이르지만, 이들의 경제력은 인도네시아 국부의 80%를 차지한다.

물론, 화인이 아닌 인도네시아인들 중에서 큰 경제력을 지닌 이들도 있고, 가난한 화인도 있다.

하지만, 인도네시아의 큰 상점, 레스토랑, 백화점, 사업체 등의 대부분은 화인의 소유로 인도네시아의 경제권을 화인이 쥐고 있다고 해도 과언이 아니다.

문자와 발음

인도네시아 문자는 로마자로 영어의 알파벳을 사용하며, 자음 21개 · 모음 5개의 총 26개의 알파벳으로 이루어져 있다. 문자도 발음도 모두 간단하며, 발음 나는 대로 알파벳으로 표기한다. 또한, 성조가 없고, 성 性 에 따른 동사의 변화가 없다.

제공되는 원어민 발음 녹음을
따라하며, 발음부터 쉽게
시작하자!

문자와 발음

인도네시아 문자는 로마자로 영어의 알파벳을 사용하며, 자음 21개, 모음 5개의 총 26개의 알파벳으로 이루어져 있다. 발음나는 대로 알파벳으로 표기한다.

알파벳	명칭	음가
A a	아	ㅏ
B b	베	ㅂ
C c	쩨	ㅉ
D d	데	ㄷ
E e	에	ㅔ
F f	에프	ㅍ
G g	게	ㄱ

알파벳	명칭	음가
H h	하	ㅎ
I i	이	ㅣ
J j	제	ㅈ
K k	까	ㄲ
L l	엘	ㄹ
M m	엠	ㅁ
N n	엔	ㄴ

발음을 들으면서 큰소리로 따라해 보자.

또한, 성조가 없고, 성性에 따른 동사의 변화가 없다.

알파벳	명칭	음가
O o	오	ㅇ
P p	뻬	ㅃ
Q q	끼	ㄲ
R r	에르	ㄹ
S s	에스	ㅅ
T t	떼	ㄸ
U u	우	ㅜ

알파벳	명칭	음가
V v	훼	ㅂ
W w	웨	와
X x	엑스	ㅈ
Y y	예	ㅑ
Z z	젯	ㅈ

모음

1 단모음

인도네시아어의 모음은 a 아, e 에/으, i 이, o 오, u 우로 5개이다.

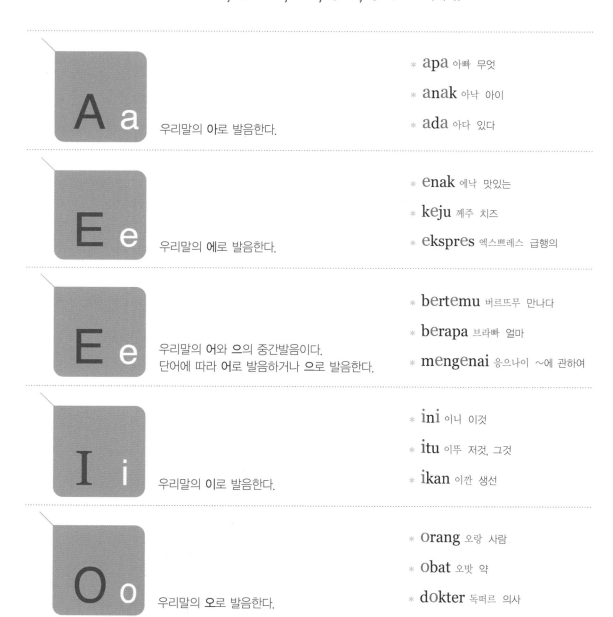

A a 우리말의 **아**로 발음한다.

* apa 아빠 무엇
* anak 아낙 아이
* ada 아다 있다

E e 우리말의 **에**로 발음한다.

* enak 에낙 맛있는
* keju 께주 치즈
* ekspres 엑스쁘레스 급행의

E e 우리말의 **어**와 **으**의 중간발음이다.
단어에 따라 **어**로 발음하거나 **으**로 발음한다.

* bertemu 버르뜨무 만나다
* berapa 브라빠 얼마
* mengenai 응으나이 ~에 관하여

I i 우리말의 **이**로 발음한다.

* ini 이니 이것
* itu 이뚜 저것, 그것
* ikan 이깐 생선

O o 우리말의 **오**로 발음한다.

* orang 오랑 사람
* obat 오밧 약
* dokter 독떠르 의사

우리말의 **우**로 발음한다.

* ubi 우비 고구마
* ukuran 우꾸란 사이즈
* susu 수수 우유

2 이중모음

인도네시아어의 복모음은 **ai** 아이, **au** 아우, **oi** 오이로 3개가 있다.

ai

우리말의 아이로 발음하지만, 통상적으로 사람에 따라 에이로 발음하기도 한다.

* sungai 숭아이/숭에이 강
* pakai 빠까이/빠께이 착용하다, 이용하다

우리말의 아우로 발음하지만, 통상적으로 사람에 따라 오로 발음하기도 한다.

* kalau 깔라우/깔로 만약에~ 라면,
* saudara 사우다라 ~군(남자를 칭할 때)

우리말의 오이로 발음한다.

* oi! 오이! 아!(감탄사)

자음

1 단자음

인도네시아어의 자음은 21개이다.

B b

우리말 **바지**의 ㅂ으로 발음하며, 음절 끝에는 ㅂ받침으로 발음한다.

* baju 바주 옷
* babi 바비 돼지
* jilbab 질밥 무슬림 여성이 머리부분을 가리기 위해 두르는 스카프

C c

우리말 **짠**의 ㅉ으로 발음한다.

* capai 짜빠 피곤한
* cari 짜리 찾다
* cabai 짜베 고추

D d

우리말 **다리**의 ㄷ으로 발음하며, 음절 끝에는 ㄷ받침으로 발음한다.

* dari 다리 ~에서 부터
* duduk 두둑 앉다
* murid 무릿 학생

F f

영어 f(ㅍ)와 발음이 비슷하다.

* faktur 팍뚜르 청구서, 송장
* film 필름 필름, 영화
* maaf 마아프 미안합니다

G g

우리말 **기린**의 ㄱ으로 발음한다.

* garis 가리스 줄
* gado-gado 가도가도 인도네시아식 샐러드

발음을 들으면서 큰소리로 따라해 보자.

우리말 **하얀**의 ㅎ으로 발음한다. 단, 단어 끝에 h가 위치할 때에는 ㅎ음를 발음하는데, 보통 잘 들리지 않는다.

* hari 하리 일, 날
* hitam 히땀 검은
* jatuh 자뚜 떨어지다

우리말 **자리**의 ㅈ으로 발음한다.

* jam 잠 시간
* jalan 잘란 길

우리말 **깡통**의 ㄲ으로 된소리로 발음한다. 음절 끝 혹은 자음 앞에서는 ㄱ받침으로 발음한다.

* kacang 까짱 콩
* kacamata 까짜마따 안경
* kakek 까껙 할아버지

우리말 **놀라다**의 ㄹ로 발음한다.

* lagu 라구 노래
* boleh 볼레 가능하다

우리말 **마루**의 ㅁ으로 발음한다.

* makan 마깐 먹다
* nama 나마 이름

우리말 **나비**의 ㄴ으로 발음한다.

* nanti 난띠 나중에
* ini 이니 이것

P p

우리말 **빨강**의 ㅃ으로 발음하며,
음절 끝에는 ㅂ받침으로 발음한다.

* pagi 빠기 아침
* Bapak 바빡 ~ 씨, 선생님 영어의 Mr.
* tutup 뚜뚭 닫다

Q q

우리말 **깔대기**의 ㄲ으로 발음한다.

* Quran 꾸란 이슬람교 경전

R r

우리말 **자라**의 ㄹ로 발음하며,
단어 끝에 위치할 때는 혀 끝을
떨리게 한다.

* raja 라자 왕
* bakar 바까르 굽다
* parkir 빠르끼르 주차하다

S s

우리말 **사과**의 ㅅ으로 발음한다.

* Saya 사야 저는
* susah 수사 어려운
* nasi 나시 밥

T t

우리말 **딱**의 ㄸ으로 발음한다.

* teh 떼 차(마시는)
* tadi 따디 아까

V v

영어의 v(ㅂ)발음처럼 완전한 유성
음은 아니다.
f(ㅍ)으로 들리기도 한다.
V발음에 **기**가 조금 들어간다.

* Valuta 발루따 화폐의 가치
* Variasi 바리아시 변동

우리말 와로 발음한다.

* waktu 왁뚜 시간, 때
* wangi 왕이 향, 향기

영어의 x로 발음한다.

* X-ray 엑스레이 X-ray

영어의 y로 발음한다.

* Yanto 얀또 인도네시아 남자 이름
* ya 야 예, 네(대답할 때)

영어의 z 로 발음한다.

* zaman 자만 시대

2 이중자음(복자음)

인도네시아어는 kh, ng, ny, sy로 4개의 이중자음이 있다.

아랍어에서 차용된 단어에서 주로 발견할 수 있다.
우리말 ㅋ와 ㅎ의 중간발음으로 주로 ㄲ로 발음을 한다.

* khabar 까바르 소식
* akhir 아끼르 마지막
〈이 책에서는아끼르로 표기〉

발음을 들으면서 큰소리로 따라해 보자.

우리말의 **응**의 **ㅇ** 받침소리로 발음한다.

* **uang** 우앙 돈
* **nggak** 응각 아니다
  구어체에서 부정으로 대답할 때

우리말의 (은)**냐**의 (은)**냐**, (은)**녀**, (은)**뇨**, (은)**뉴**로 함께 발음되는 모음에 따라 발음한다.

* **nyamuk** (은)냐묵 모기
* **tanya** (은)따냐 질문하다

우리말의 **쉬운**의 **쉬**로 발음한다.

* **masyarakat** 마샤라깟 사회
* **syarat** 샤랏 조건
* **syukur** 슈꾸르 신에게 감사하다

▶ 강세

인도네시아 발음에 있어 강세와 억양은 그다지 중요하지 않다.왜냐하면 강세에 의해 의미가 변하는 경우가 없기 때문이다. 다만, 대체적으로 두음절 단어에서는 두번째 음절에 강세를 둔다.

기본 문법

본문 시작 전 인도네시아어의 기본적인 문법사항에 대해 알아본다.

기본 문법

기본 어순 영어 어순 ≒ 인도네시아어 어순

01 평서문

인도네시아어의 기본 문장은 **주어 + 동사 + 목적어/보어** 로 이루어져 영어와 비슷하다. 성性이나 시제에 따른 동사의 변화도 없어 다른 언어보다 학습하기가 쉽다.

① 주어 S + 동사 V + 목적어 O

I + eat + rice. 영 어 (주어 + 동사 + 목적어)
나는 먹는다 밥을

사야 마깐 나시
Saya + makan + nasi. 인도네시아어 (주어 + 동사 + 목적어)
나는 먹는다 밥을

나는 + 밥을 + 먹는다. 한 국 어 (주어 + 목적어 + 서술어(동사))

② 주어 S + 동사 V + 보어 C

I + am + a student. 영 어 (주어 + 동사 + 보어)
나는 입니다 학생

단어 끝의 h는 약하게 들린다.

사야 아달라 뻴라자르
Saya + adalah + pelajar. 인도네시아어 (주어 + 동사 + 보어)
나는 ~입니다 학생

나는 + 학생입니다. 한 국 어 (주어 + 보어 + 서술어(동사))

02 adalah동사의 생략

영어의 be동사와 같은 ~이다란 뜻의 인도네시아 be동사 **adalah**아달라 는 영어와 달리 주로 생략된다. 따라서 기본문장은 주어 + 명사 형태로 이루어져 있다.

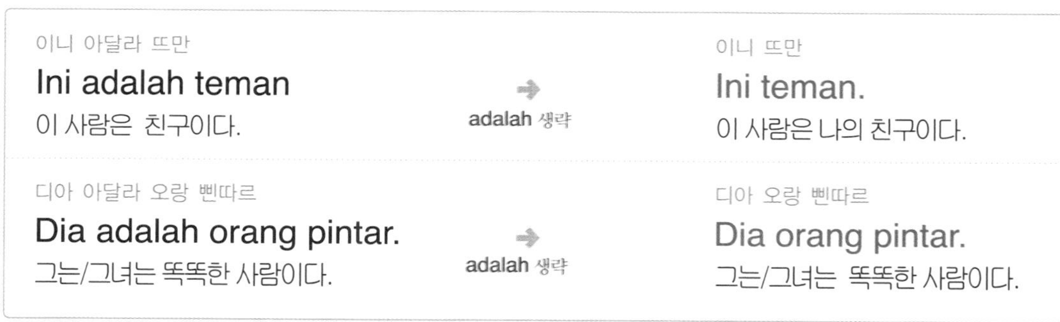

이니 아달라 뜨만 **Ini adalah teman** 이 사람은 친구이다.	→ adalah 생략	이니 뜨만 **Ini teman.** 이 사람은 나의 친구이다.
디아 아달라 오랑 삔따르 **Dia adalah orang pintar.** 그는/그녀는 똑똑한 사람이다.	→ adalah 생략	디아 오랑 삔따르 **Dia orang pintar.** 그는/그녀는 똑똑한 사람이다.

* ini 이니 이것 dia 디아 그/ 그녀
teman 뜨만 친구 orang 오랑 사람
pintar 삔따르 똑똑한

03 의문문

의문문을 만들 경우에는 문장 맨 앞이나 뒤에 의문사를 넣고 물음표를 찍는다.

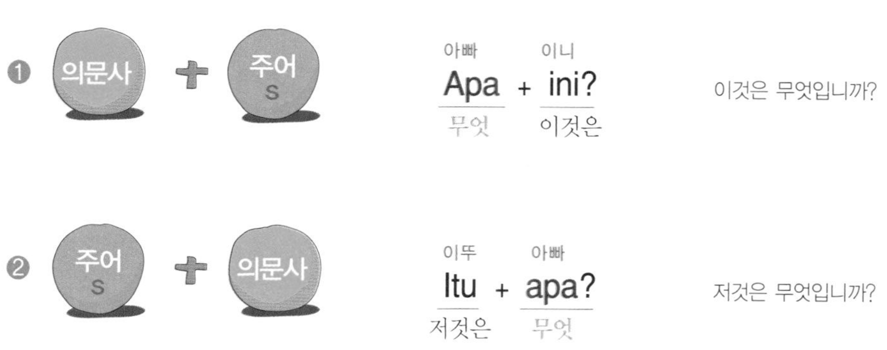

이것은 무엇입니까?

저것은 무엇입니까?

기본 문법

③ 의문사 + 주어 S + 동사 V + 목적어
까빤 디아 미눔 꼬삐
Kapan + dia + minum + kopi?
언제 그는 마시다 커피를
그는 언제 커피를 마시나요?
④ 주어 S + 동사 V + 의문사
까무 다땅 다리 마나
Kamu + datang + dari + mana?
너 오다 ~로 부터 어디
너 어디에서 오는거니?

수식어와 소유격

01 수식어의 위치

인도네시아어는 우리말과 반대로 수식어가 뒤에 붙어서 수식을 한다.

소유격을 나타낼 경우에는 반드시 꾸며주는 말 뒤에 위치하여야 한다. 한국사람은 헷갈려서 우리말처럼 수식어를 앞으로 놓아 말하는 경우가 많으므로 특히 주의하도록 하자.

명사 + 소유격
buku + saya 저의 책
책 저 (나 aku 의 정중어)
부꾸 사야
buku saya 저의 책
책 저의
꾸찡 사야
kucing saya 저의 고양이
고양이 저의

02 격변화

영어의 I 나는, my 나의, me 나를와 같은 격변화가 없는 대신 단어의 위치를 달리하여 격을 나타내준다.

saya = saya = saya

주 격	사야 수까 인도미 Saya suka Indomie. 저는 좋아합니다 인도미를	저는 인도미를 좋아합니다. ＊Indomie 인도미 인도네시아 라면이름
소유격	이니 빠짜르 사야 Ini pacar saya. 이사람은 애인 저의	이 사람은 저의 애인입니다.
목적격	디아 띠닥 수까 사야 Dia tidak suka saya. 그는 좋아하지 않는다 저를	그는 저를 좋아하지 않습니다.

복수형

복수형을 나타내고자 하는 단어에 –을 붙여 한 번 더 단어를 써주면 복수형이 된다.

부꾸 buku	책	따스 tas	가방
부꾸 부꾸 buku-buku	책들	따스 따스 tas-tas	가방들

복수형을 간편하게 tas² 로 줄여서 표기하기도 한다. 

기본 문법

이 외에도 수량사를 사용하여 명사의 수량을 나타내 복수형을 표현할 수 있다.

두아 오랑 dua orang 두 사람	뚜주 오랑 tujuh orang 일곱 사람

orang은 원래 사람이란 뜻인데, 사람을 셀 때는 **명**을 의미하는 수량사로 쓰인다. 

*dua 두아 2
tujuh 뚜주 7

기본회화

인도네시아어는 우리말과 달리 높임말이 따로 있지 않지만, 일반적으로 윗사람과 대화할 때 호칭에 경칭을 붙여 사용하거나 경어를 사용하여 존대를 표현한다.

오 호랏!
이제부터 기본 문장 시작이닷~
열공! Bahasa Indonesia!

1. 만났을 때

인사는 영어와 마찬가지로 아침, 점심, 저녁인사가 있으며, **안녕하세요**를 의미한다. **Selamat** 슬라맛 **안전한, 무사한** 다음에 시간을 나타내는 단어를 넣어 인사한다.

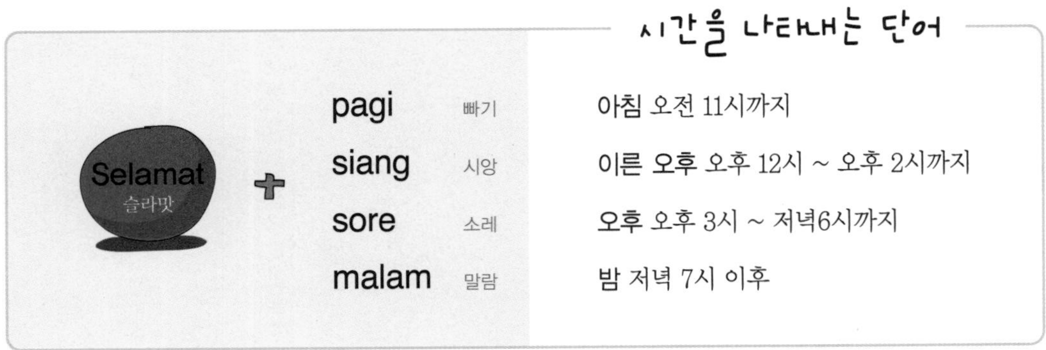

시간을 나타내는 단어
Selamat 슬라맛
+
pagi 빠기
siang 시앙
sore 소레
malam 말람
아침 오전 11시까지
이른 오후 오후 12시 ~ 오후 2시까지
오후 오후 3시 ~ 저녁6시까지
밤 저녁 7시 이후

인도네시아인들은 줄여서 말하기를 좋아해서 친구나 이웃에게는 Selamat pagi, Selamat siang, Selamat sore, Selamat malam을 줄여서 pagi, siang, sore, malam이라고도 말한다.

오전에 만났을 때	슬라맛 빠기 Selamat pagi.	안녕하세요.
이른 오후에 만났을 때	슬라맛 시앙 Selamat siang.	
오후에 만났을 때	슬라맛 소레 Selamat sore.	
저녁에 만났을 때	슬라맛 말람 Selamat malam.	

＊ **pagi** 빠기 아침, **siang** 시앙 이른 오후
sore 소레 오후, **malam** 말람 저녁

2. 안부를 물을 때

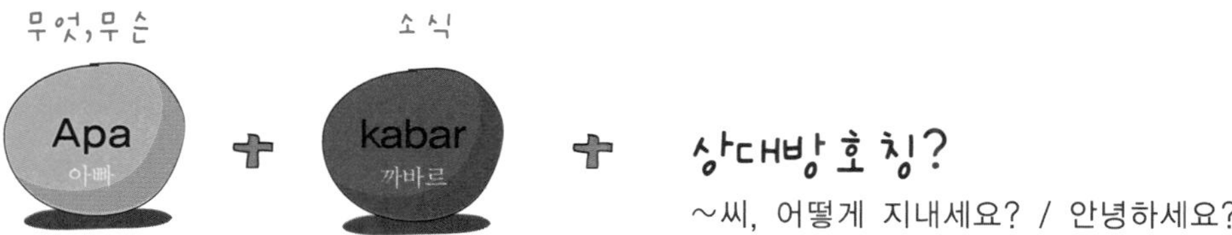

~씨, 어떻게 지내세요? / 안녕하세요?

상대방을 오랜만에 만나 안부를 물을 때는 Apa 아빠 + kabar 까바르 어떻게 지내세요?/ 안녕하세요? 라고 말한다. 말하고자 하는 상대방을 칭할 때는 Apa kabar, + 상대방 혹은 이름? 을 써서 말한다.

아빠 까바르, 바빡 **Apa kabar, Bapak?**	선생님, 안녕하세요?

Bapak은 원래 아버지 bapak란 뜻인데, 윗사람인 남성을 부를 때 Bapak 사용한다.
영어의 Mr.에 해당한다.

예) 아빠 까바르, 바빡 리
Apa kabar, Bapak Lee? — 이 선생님, 안녕하세요?

아빠 까바르, 빡 뿌뚜
Apa kabar, Pak Putu. — 뿌뚜씨 (뿌뚜 선생님), 안녕하세요?

Pak은 윗 사람인 남성을 부를 때 사용하며 선생님, ~씨를 의미한다.

* Pak은 Bapak의 줄임말

아빠 까바르, 이부 **Apa kabar, Ibu?**	선생님, 안녕하세요?

Ibu는 원래 어머니란 뜻으로 기혼 여성 혹은 윗사람인 여성을 부를 때 사용한다.
영어의 Mrs.에 해당한다.

인사

아빠 까바르, 부 낌
Apa kabar, Bu Kim? — 김 선생님, 안녕하세요?

아빠 까바르, 부 뚜띠
Apa kabar, Bu Tuti? — 뚜띠씨(뚜띠 선생님), 안녕하세요?

Bu는 기혼 여성 혹은 윗사람인 여성을 부를 때 사용 선생님, ~여사, ~씨를 의미

*Bu는 Ibu의 줄임말

아빠 까바르, 율리우스 Apa kabar, Yulius?	율리우스, 안녕하세요?

말하는 사람보다 나이가 어리거나 동갑일 때는 이름을 부른다.

아빠 까바르 Apa kabar?	안녕하세요?(어떻게 지내세요?)
바익 바익 사자 ····› Baik-baik saja. 바익 사자 (까바르 바익) ····› Baik saja.(Kabar baik.) 바익 ····› Baik.	잘 지냅니다.
루마얀 (바익) ····› Lumayan. (baik.)	그럭저럭 지냅니다.

대답을 하고 난 후, 상대방에게 Apa kabar? 라고 인사를 건네 상대방의 안부를 묻는 것이 일반적이다.

*lumayan 루마얀 적당한

인도네시아인들은 보통 처음 만나는 사람과 악수를 하며, 악수한 손을 자기 가슴에 살며시 갖다 댐으로써 상대방에 대한 존경을 나타낸다.

3. 처음 만났을 때

사야 스낭 스깔리 버르뜨무 등안 안다 Saya senang sekali bertemu dengan Anda.	만나서 정말 반갑습니다.

처음 만난 사람에게 인사를 한 후 보통 만나서 반갑다고 말한다. 직역하면 당신과 만나 매우 기쁘다라는 뜻이다.

* senang 스낭 기쁜, bertemu 버르뜨무 만나다
sekali 스깔리 매우, dengan 등안 ~와/과, Anda 안다 당신

4. 헤어질 때

슬라맛 잘란 Selamat jalan.	안녕히 가세요. 배웅할 때

selamat 슬라맛 안전한,무사한, 편안한과 jalan 잘란 길이 합쳐져서 길을 조심히 잘 가라는 뜻을 담고 있다.

슬라맛 띵갈 Selamat tinggal.	안녕히 계세요. 오랫동안 헤어지게 될 경우

selamat 슬라맛 안전한, 무사한, 편안한 과 tinggal 띵갈 살다 가 합쳐져서 편안히 잘 살라 는 뜻을 담고 있다.

슬라맛 띠두르 Selamat tidur.	안녕히 주무세요. **잘 때**

Selamat 슬라맛 안전한,무사한, 편안한과 tidur 띠두르 자다가 합쳐져서 편안히 잘 자라는 뜻을 담고 있다.

삼빠이 줌빠 라기 Sampai jumpa lagi.	또 만나요. **헤어질 때**

친한 사이에서는 안녕 (헤어질 때) Dada 다다라고도 한다.

5. 기타표현

뻐르미시 Permisi.	실례합니다.

영어로 excuse me와 같다. 상대방에게 질문을 하거나 길을 비켜달라고 말할 때 permisi라고 한 후 말한다.

뚱구 스븐따르 Tunggu sebentar.	잠깐만요.

영어의 wait a minute.과 같은 표현으로 잠시 기다리라고 말할 때 사용한다.

감사 · 사과

발음을 들으면서 큰소리로 따라해 보자.

1. 감사

뜨리마 까시 Terima kasih.	감사합니다.
뜨리마 까시 끔발리 ··· Terima kasih kembali. 사마 사마 ··· Sama-sama.	천만에요.

영어로 Thank you 와 같은 의미인 **감사합니다, 고맙습니다** 를 뜻한다.
더 정중한 표현은 Terima kasih banyak 뜨리마 까시 바냑 **대단히 감사합니다** 로, 이때의 banyak 바냑 은 **많은**이란 뜻이다.

2. 사과

마아프 Maaf.	미안합니다.
띠닥 아빠-아빠 ··· Tidak apa-apa.	괜찮습니다

Maaf는 영어의 Sorry와 같으며, Minta maaf 민따 마아프 라고도 한다.

모혼 마아프
Mohon maaf 사죄합니다.

Mohon maaf 모혼 마아프 는 미안합니다 정도로 해결될 수 없는 것에 대해 사죄할 때 혹은 윗사람에게 정중히 사과할 때 쓴다.

* mohon 모혼 간청하다

이에 대한 대답으로는, 다음과 같이 여러가지 표현이 있다.

띠닥 아빠-아빠
Tidak apa-apa. 괜찮습니다.(아무것도 아닙니다)

응각 아빠-아빠
Enggak apa-apa.

구어체
응각 아빠-아빠
Nggak apa-apa. 괜찮습니다.(아무것도 아닙니다)

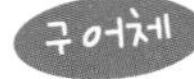

각 아빠-아빠
Gak apa-apa.

Gak은 Enggak과 Nggak의 줄임말이다. 인도네시아인들은 이렇게 단어를 줄여서 사용하는 것을 좋아한다.

장안 카와띠르
Jangan khawatir. 걱정하지 마십시오.

jangan 장안 ~하지 마십시오, khawatir 카와띠르 걱정이란 뜻으로 Jangan khawatir 장안 카와띠르 는 걱정하지 말라 는 뜻이다.

축하

발음을 들으면서 큰소리로 따라해 보자.

축하나 기원하는 말을 할 때는 안전한, 기원하는이란 뜻의 Selamat 슬라맛 뒤에 축하하는 내용을 넣어 ~을 축하합니다, ~을기원합니다 라고 표현한다.

Selamat 슬라맛 은 인사할 때의 대표적인 표현방식이지만, 인사 이외에도 환영, 축하인사, 기원과 같이 상대방을 반갑게 맞이하거나 축하하는 의미로 두루 사용된다.

슬라맛 울랑 따훈 **Selamat ulang tahun.** = 영어의 Happy birthday.	생일 축하합니다.
슬라맛 따훈 바루 **Selamat tahun baru.** = 영어의 Happy New Year.	좋은 한해 되세요.
슬라맛 (하리 라야) 이둘 피뜨리 **Selamat (Hari Raya) Idul Fitri.**	이둘 피트리 잘 보내세요.
슬라맛 하리 나딸 **Selamat Hari Natal.** = 영어의 Merry Christmas.	메리 크리스마스
슬라맛 아따스 끄버르하실란 안다 **Selamat atas keberhasilan Anda.**	승진/졸업을 축하합니다.
슬라맛 므늠뿌 히둡 바루 **Selamat menempuh hidup baru.**	결혼을 축하합니다.
스모가 숙세스 **Semoga sukses.**	성공하시길 기원합니다.
스모가 스무아 버르잘란 등안 란짜르 **Semoga semua berjalan dengan lancar.**	모든 일이 다 잘 되시기를 기원합니다.

* ulang tahun 울랑 따훈 생일
* tahun 따훈 해, 년
* baru 바루 새로운
* Idul Fitri 이둘 피뜨리 금신기간이 끝나는 날의 축제
* Hari Natal 하리 나딸 성탄절
* atas 아따스 ~에 대해
* keberhasilan 끄버르하실란 승진/졸업 성공
* menempuh 므늠뿌 겪다
* hidup baru 히둡 바루 새 삶
* semoga 스모가 기원하다
* sukses 숙세스 성공

질문

질문을 할 때는 문장 앞에 apa 아빠 무엇, siapa 시아빠 누구, kapan 까빤 언제 등의 의문사나 bisa 비사 ~할 수 있습니까?, boleh 볼레 ~해도 됩니까? 등의 조동사를 사용해 의문문을 만든다.

1. 사물 묻기 Apa = what 무엇

아빠 이니 A: Apa ini?	이것은 무엇입까?
이니 돔뻿 B: Ini dompet.	이것은 지갑입니다.

* ini 이니 이, 이것(영어의 this), 이(사람)
dompet 돔뻿 지갑

2. 사람 묻기  = Who 누구

시아빠 이뚜 A: Siapa itu?	저 사람은 누구입니까?
이뚜 수시 B: Itu Susi.	저 사람은 수시입니다.

* itu 이뚜 저, 저것(영어의 that), 저(사람)

3. 상태 묻기 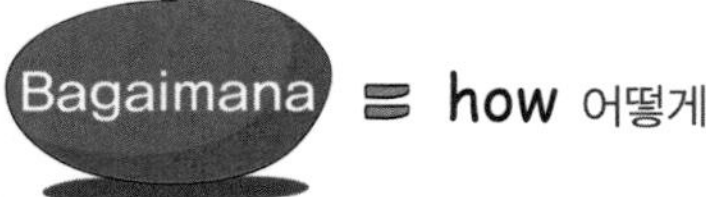

바가이마나 쭈아짜 하리 이니 A: Bagaimana cuaca hari ini?	오늘 날씨 어떻습니까?
쭈아짜 하리 이니 쯔라 B: Cuaca hari ini cerah.	오늘 날씨는 화창해요.

* cuaca 쭈아짜 날씨, hari ini 하리 이니 오늘
cerah 쯔라 화창한

4. 장소 묻기 Mana = Where 어디

ke ~로
di ~에 + mana
dari ~로부터

장소를 물을 때는 mana 마나 어디 앞에 전치사 ke 끄, di 디, dari 다리 를 사용해 각각 어디로, 어디에, 어디로부터 란 의미로 쓰인다.
이 때, ke mana, di mana, dari mana는 문장 앞과 뒤에 놓아 의문문을 만들 수 있다.

❶ ke mana = to where 어디로

끄 마나 까무 마우 빠르기 A: Ke mana kamu mau pergi? 문두	너 어디(로) 가니?
까무 마우 빠르기 끄 마나 = Kamu mau pergi ke mana?  문미	너 어디(로) 가니?
아꾸 마우 빠르기 끄 스꼴라 B: Aku mau pergi ke sekolah.	나 학교에 가.

*aku 아꾸 나
sekolah 스꼴라 학교
*pergi 빠르기 가다
kamu 까무 너, 너의, 너를

❷ di mana = in where 어디에

디 마나 아다 쯜라나 사야 A: Di mana ada celana saya?  문두	제 바지 어디에 있어요?
아다 디 까마르 까무 B: Ada di kamar kamu.	너 방에 있어.

*ada 아다 있다, celana 쯜라나 바지
kamar 까마르 방

까무 아다 디 마나 A: Kamu ada di mana? 	너 어디(에) 있니?
아꾸 아다 디 웨쎄 B: Aku ada di WC.	나 화장실에 있어.

* **WC** 웨쎄 화장실

❸ dari mana = from where 어디로부터

다리 마나 이뚜 A: Dari mana itu? 	저것은 어느 나라에서 왔습니까? 물건을 가르키며
이뚜 다리 꼬레아 B: Itu dari Korea.	저것은 한국에서 왔습니다.
까무 버르아살 다리 마나 A: Kamu berasal dari mana? 문미	너 어디 출신이니?
아꾸 버르아살 다리 인도네시아 B: Aku berasal dari Indonesia.	나는 인도네시아에서 왔어.

* **Korea** 꼬레아 한국
berasal 버르아살 ~출신이다
Indonesia 인도네시아 인도네시아

5. 허가 Boleh + 주어 S + 동사 V + 목적어 O

~해도 됩니까? 란 의미의 Boleh를 써서 묻고, 대답할 때 긍정이면 Boleh 볼레, 부정이면 Tidak boleh 띠닥 볼레라고 한다.

볼레 사야 머로꼭 A: Boleh saya merokok?	담배를 피워도 됩니까?
야, 볼레. 실라깐 B: Ya, boleh. Silakan.	예. 피워도 됩니다. 어서 피우십시오.
띠닥 볼레 B: Tidak boleh.	안됩니다.

6. 가능 bisa = can ~ 할 수 있다

~할 수 있다란 의미의 bisa 비사 를 문두에 놓아 의문문을 만들고, 대답할 때는 긍정은 ~할 수 있다를 뜻하는 Bisa 비사를, 부정은 ~할 수 없다 를 뜻하는 Tidak bisa. 띠닥 비사라고 말한다.

비사 버르바하사 인도네시아 A: Bisa berbahasa Indonesia?	인도네시아어를 할 수 있습니까?
야, 비사 B: Ya, bisa.	예. 할 수 있습니다.
띠닥 비사 B: Tidak bisa.	할수 없습니다.

* berbahasa 버르바하사 (언어를) 말하다

대답

긍정일 때 네는 Ya. 야, 아니오는 Tidak 띠닥 동사와 형용사를 부정할 때, Bukan 부깐 명사와 대명사를 부정할 때이라고한다.

야 Ya.	예.
띠닥 Tidak.	아니오. 동사와 형용사를 부정할 때
부깐 Bukan.	아니오. 명사와 대명사를 부정할 때
아다 Ada.	있습니다.
띠닥 아다 Tidak ada.	없습니다. tidak + 동사
사야 부깐 오랑 즈빵 Saya bukan orang Jepang.	저는 일본인이 아닙니다. bukan + 명사
브뚤 Betul.	맞습니다.
뜬뚜 사자 Tentu saja.	물론입니다. 영어의 of course.
사야 믕으르띠 Saya mengerti.	알겠습니다. 영어의 I understand.
사야 꾸랑 믕으르띠 Saya kurang mengerti.	잘 못 알아듣겠습니다.
사야 블룸 므니까 Saya belum menikah.	아직 미혼입니다.

볼레 Boleh.	됩니다.
띠닥 볼레 Tidak boleh.	안 됩니다.
비사 Bisa.	할 수 있습니다.
띠닥 비사 Tidak bisa.	할 수 없습니다.

부정적인 대답은 아직 ~하지 않다 라는 뜻의 belum 블룸 약간 ~하다 라는 뜻의 kurang 꾸랑 으로 표현한다.

예

사야 블룸 므니까
Saya belum menikah. — 저는 아직 결혼하지 않았습니다.

사야 꾸랑 따우
Saya kurang tahu. — 잘 모르겠습니다.

사야 띠닥 따우
Saya tidak tahu. — 모르겠습니다.

기타

1. 기타표현

❶ 전화

할로 Halo.	여보세요. 전화 걸 때
사야 슨디리 Saya sendiri.	접니다. 전화 받을 때

❷ 방문

(똑! 똑!) 뻐르미시 A : (Tok! Tok!) Permisi.	똑! 똑! 실례합니다.
시아빠 B : Siapa?	누구세요?
사야 줄리 A : Saya Julie.	저는 줄리입니다.

❸ 상점에서 부를 때

상점에서 누군가를 부를 때는 먼저 실례합니다를 의미하는 permisi 뻐르미시뒤에 호칭을 붙여 부른다.

뻐르미시, 빡 / 부 Permisi, Pak / Bu!	여기요. 선생님! 윗 사람을 부를 때 (남/여)
뻐르미시, 마스 Permisi, Mas!	여기요. 아저씨! 젊은 남자를 부를 때
뻐르미시 , 음박/박 Permisi, Embak / Mbak!	여기요. 아가씨! 여자 종업원이나 티켓 살 때나 가사 도우미(pembantu 뻠반뚜) 를 부를 때

❹ 기타

스망앗 Semangat!	파이팅!

본문

지금 현재 인도네시아에서 사용하는 구어체 회화문을 위주로 구성하였다.

쉬우면서도 실생활에 많이 사용하는 문장들로만 간단히 구성하여,

처음 배우는 왕초보자들도 누구나 쉽게 따라할 수 있다.

앗싸!
드디어 본문이다~
열심히 해보자긋!!

나마 사야 철수

Nama saya Chul-su.

저의 이름은 철수입니다.

처음 만났을 때

Chul-su

슬라맛 소레
Selamat sore.

Tuti

슬라맛 소레 뻐르미시, 시아빠 나마 바빡
Selamat sore. Permisi, siapa nama Bapak?

나마 사야 철수 스낭 스깔리 버르뜨무 등안 안다
Nama saya Chul-su. Senang sekali bertemu dengan Anda.

나마 사야 뚜띠 사야 주가 스낭 스깔리 버르뜨무 등안 안다
Nama saya Tuti. Saya juga senang sekali bertemu dengan Anda.

헤어질 때

슬라맛 잘란 삼빠이 줌빠 라기
Selamat jalan. Sampai jumpa lagi.

삼빠이 줌빠 라기
Sampai jumpa lagi.

처음 만났을 때

철수 안녕하세요. (오후 3~4시 이후에 만났을 때)

뚜띠 안녕하세요. 실례지만, 선생님의 이름이 무엇입니까?

철수 저의 이름은 철수입니다. 당신을 만나서 매우 반갑습니다.

뚜띠 저의 이름은 뚜띠입니다. 저도 당신을 만나서 매우 반갑습니다.

헤어질 때

철수 안녕히 가세요. 또 만나요.

뚜띠 또 만나요.

단어

Track 03

- □ permisi 빠르미시 실례합니다. 영어의 excuse me
- □ siapa 시아빠 누구 의문사
- □ nama 나마 이름
- □ Bapak 바빡 선생님, 아저씨 남성인 윗사람을 칭할 때
- □ selamat 슬라맛 안전한, 무사한
- □ sore 소레 오후(3~4시 이후)
- □ saya 사야 저
- □ senang 스낭 기쁜
- □ sekali 스깔리 매우
- □ bertemu 버르뜨무 만나다
- □ dengan 등안 ~와/과
- □ Anda 안다 당신(2인칭)
- □ jalan 잘란 길
- □ sampai 삼빠이 ~할 때 까지
- □ jumpa 줌빠 만나다
- □ juga 주가 또한, 역시
- □ lagi 라기 다시

01 아주 쉬운 해설

Selamat sore. 안녕하세요

처음 만났을 때는 **selamat** 슬라맛 **안전한, 무사한** 뒤에 시간을 나타내는 단어를 넣어 인사를 하며, **안녕하세요** 라는 뜻이다.
오전 11시까지는 **pagi** 빠기 **아침**, 오후 12시~ 오후 2시는 **siang** 시앙 **이른 오후**, 오후 3시~ 저녁 6시는 **sore** 소레 **오후**, 저녁 7시 이후에는 **malam** 말람 **밤** 을 넣어 인사한다.

시간별 인사	인도네시아어	뜻
오전에 만났을 때	Selamat pagi. 슬라맛 빠기	안녕하세요
점심에 만났을 때	Selamat siang. 슬라맛 시앙	
오후에 만났을 때	Selamat sore. 슬라맛 소레	
저녁에 만났을 때 해가 저물었을 때	Selamat malam. 슬라맛 말람	

Permisi, siapa nama Bapak? 실례지만, 선생님의 성함이 무엇입니까?

① **Permisi** 뻐르미시 는 영어의 excuse me와 같으며 **실례합니다**를 뜻한다. 인도네시아인들은 잘 모르는 사람에게 공손히 **permisi** 로 질문을 시작한다.

② **Siapa** 시아빠 는 의문사로 영어의 who 누구를 뜻한다. 문장 맨 앞에 의문사를 붙이면 의문문이 되며, 이름을 묻거나 사람을 물을 때는 **누구**란 의미의 의문사 **Siapa** 시아빠 로 묻는다.

당신의 이름은 무엇입니까?

원래 무엇은 Apa이지만 사람의 이름을 물을 때는 Siapa 누구 를 쓴다. 

또한, 처음 만나는 사람이나 웃어른의 이름을 물을 때는 Anda 안다 당신 대신 선생님을 뜻하는 Bapak 바빡 남성, Ibu 이부 여성 을 사용해 묻는 것이 좋다.

▶ 남성에게 물을 때

(선생님의)이름은 무엇입니까?	시아빠 나마 바빡 **Siapa nama Bapak?**

▶ 여성에게 물을 때

(선생님의) 이름은 무엇입니까?	시아빠 나마 이부 **Siapa nama Ibu?**

▶ 그 밖에 이름을 묻는 표현

남성을 지칭 실례지만, 선생님, 이름이 무엇입니까?	뻐르미시 빡, 나마냐 시아빠 **Permisi Pak, namanya siapa?**
남성을 지칭 선생님, 당신의 이름은 무엇입니까?	시아빠 나마 안다, 빡 **Siapa nama Anda, Pak?**
여성을 지칭 선생님, 당신의 이름은 무엇입니까?	시아빠 나마 안다, 부 **Siapa nama Anda, Bu?**
윗 사람이 아랫 사람의 이름을 물을 때 당신의 이름은 무엇입니까?	시아빠 나마 안다 **Siapa nama Anda?**
윗 사람이 아랫 사람의 이름을 물을 때 당신의 이름은 무엇입니까?	나마 안다 시아빠 **Nama Anda siapa?**
그/그녀의 이름은 무엇입니까?	시아빠 나마냐 **Siapa namanya?**
그/그녀의 이름은 무엇입니까?	나마냐 시아빠 **Namanya siapa?**

namanya는 nama dia와 같으며 **그의/ 그녀의** 이름으로 해석한다. 

Nama saya Chul-su 저의 이름은 철수입니다.

❶ 인칭대명사

나마 사야 뚜띠
Nama saya + Tuti 저의 이름은 뚜띠입니다.
이름은 저의 뚜띠입니다

상대방의 연령, 성별, 신분에 따라 다르게 부른다. 연장자나 처음 보는 사람은 선생님을 뜻하는 Bapak 바빡 / Pak 빡 남성일 경우, Ibu 이부 / Bu 부 여성일 경우 라고 부른다.

1인칭대명사 단수

	인칭대명사	뜻	인칭대명사	뜻
1인칭	사야 Saya	저	아꾸 Aku	나
2인칭	안다 Anda	당신	까무 Kamu	너
	사우다라 Saudara	~군	사우다리 Saudari	~양
	바빡/ 빡 Bapak/ Pak	~씨, 선생님 남성을 칭할때, 높임말	이부/ 부 Ibu/ Bu	~씨, 선생님 여성을 칭할때, 높임말
3인칭	디아/이아 Dia/ Ia	그, 그녀	블리아우 Beliau	그분 높임말

1인칭대명사복수

	인칭대명사	뜻
1인칭	끼따 Kita	우리 듣는 사람을 포함한 우리
	까미 Kami	우리 듣는 사람을 포함하지 않은 우리
2인칭	안다 스깔리안 Anda sekalian	당신들
	사우다라 사우다라 Saudara-saudara	여러분들 1)남성을 칭할때 2)남성+여성을 칭할 때
	사우다리 사우다리 Saudari-saudari	여러분들 여성을 칭할때
	바빡 바빡 Bapak- bapak	여러분들 남성인 연상이나 윗사람들
	이부 이부 Ibu-ibu	여러분들 여성인 연상이나 윗사람들
3인칭	므레까 Mereka	그들

자카르타 및 자카르타 근교 지역어

* 나 Gua 구아 / Gue 구에  * 너 Loe 로 / Lu 루 

자바(Jawa)섬에서 주로 쓰는 호칭

* 남자 Mas 마스

원래 형이란 뜻이지만 우리말로 종업원이나 운전수를 부를 때 처럼 형과 아저씨 모두 통칭하여 사용한다.

* 여자 Mbak 박

원래 언니란 뜻이지만 우리말로 티켓살 때나 종업원에게 음식시킬 때, 가사도우미 pembantu 쁨반뚜 를 부를 때 처럼 언니와 아줌마 모두 통칭해 사용한다.

❷ 인도네시아어는 우리말과 반대로 수식어가 뒤에서 꾸며준다.
이 때, 인도네시아어의 be동사인 **adalah** 아달라 ~**이다**가 주어 뒤에서 생략되는 경우가 많다. 인도네시아어의 수식어는 한국어와 반대로 뒤에서 꾸며준다.

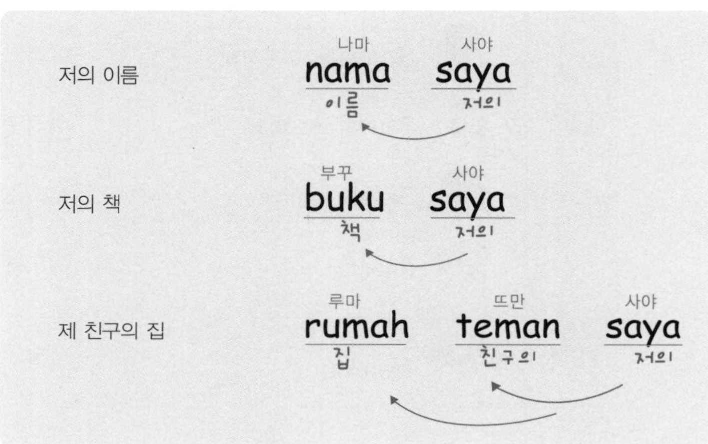

Senang sekali bertemu dengan Anda. 만나서 반갑습니다.

사람을 처음 만났을때 사용하는 일반적인 표현으로, 초보자는 이유를 따지기보다 문장을 통째로 외워 두는 것이 좋다.

스낭	스깔리	버르뜨무	등안	안다
Senang	sekali	bertemu	dengan	Anda.
기쁜	매우	만나다	~과, ~와	당신

당신과 만나 매우 기쁘다.

juga 주가는 **또한**이란 뜻으로, 주어와 형용사 사이에 위치하며, **역시 ~한** 을 의미한다. 대답할 때 **juga**를 사용하여 표현하면 된다.

사야 주가 스낭 스깔리
Saya juga senang sekali. 저 또한 매우 반갑습니다

Sampai jumpa lagi. 또 만나요

sampai 삼빠이 **~할 때까지, jumpa** 줌빠 **만나다, lagi** 라기 **다시** 란 의미로 직역하면 또 다시 만날때까지이다. 인도네시아에서는 **또 만나요**로 통한다.

* Bahasa Gaul 바하사 가울/Bahasa Betawi 바하사 브타위

젊은 층에서 흔히 사용하는 언어로 특히 자카르타에서 많이 사용된다.

자카르타에는 자카르타인만의 특별한 언어가 있는데, 이를 Bahasa Betawi 바하사 브타위 이라고 한다. 자카르타의 원주민인 브따위족이 처음으로 쓰기 시작했다. 현재의 인도네시아 수도인 자카르타의 옛 이름은 Batavia 바타비아 인데, Batavia는 브따위족의 이름을 따온 것으로 Bahasa Betawi 바하사 브타위자카르타의 자카르타인만의 특별한 언어이다.

바하사 가울은 의사소통을 쉽고 편하게 할 수 있게 말을 줄여서 표현하는 브따위 족의 의사소통 문화를 담고 있다. 후에 인도네시아 유명 배우들도 이 바하사 가울을 쓰기 시작하면서 바하사 가울은 우리나라의 서울말처럼 세련된 언어로 인식이 되어 자카르타 도시에서 10대들이나 젊은이들 사이에서 쓰이는 트렌디한 언어가 되었다. 그리고 현재에는 바하사 가울이 자카르타에서 뿐만 아니라 자바섬의 다른 도시 사람들도 두루 쓰게 되었다.
즉, 바하사 가울은 인도네시아어의 구어체와 같다.

Bahasa Gaul

*그 밖에 재미있는 표현법

❶ 줄임말

인도네시아인들은 단어를 줄여서 사용하기를 좋아한다.

에어컨은 영어 air conditioner를 줄여서 AC 아쎄라고 하며, 거리라는 뜻의 Jalan 잘란 은 Jl으로 표기한다.

❷ si시 ~ 한 사람/ ~한 것 이란 의미로 si 뒤에 지칭하는 사람이나 물건을 특징하는 단어를 붙여 표현한다. 예를 들면 Kumis 꾸미스는 콧수염이란 뜻인데, Si Kumis 시 꾸미스라고 하면 콧수염 난 사람이란 뜻이 된다.

Kumis
꾸미스
콧수염

Si Kumis
시 꾸미스
콧수염 난 사람

❸

Dada 다다 & Bye 바이

인도네시아의 젊은이들끼리 하는 인사로 친한 친구들과 헤어지며 안녕! 이라고 말할 때 귀엽게 손을 흔들며 Dada 다다 혹은 Bye 바이라고 하며 우리말로는 안녕~과 같은 뉘앙스의 인사말이다.

인도네시아란

인도네시아는 동남아시아, 인도양과 남태평양 사이에 위치하며, 적도를 가로질러 길게 뻗어있다. 총 17,508개의 크고 작은 섬으로 구성된 세계 최대의 도서국가이다.
적도 부근에 위치하고 있어 열대우림 기후에 속한다. 연평균 기온은 25℃~28℃이고, 강우량이 많고 습도가 높다. 인도네시아의 큰 섬은 자바, 수마트라, 술라웨시이며, 깔리만딴은 75%가 인도네시아에 속하고, 그 나머지 북부 깔리만딴은 말레이시아와 브루나이에 속한다. 작은 섬들은 롬복, 마두라, 플로레스, 발리섬 등이 있다.
인도네시아 수도는 자바섬에 위치한 자카르타이며, 이 외에도 자바섬의 주요 도시는 수라바야, 반둥, 메단, 스마랑 등이 있다.

- ★ 국 명 인도네시아 공화국 Republic of Indonesia
- ★ 정 체 공화제
- ★ 독 립 일 1945년 8월 17일네덜란드
- ★ 위 치 동아시아와 북서 호주 대륙 사이에 위치
- ★ 기 후 열대성 해양 기후
- ★ 연평균기온 25℃~28℃
- ★ 인 구 2억 4천 5백만(2006. 07월 통계)으로 세계 4위의 인구대국이다. 세계에서 네번째로 인구가 많은 나라
- ★ 면 적 1,904,569㎢
- ★ 수 도 자카르타 Jakarta
- ★ 종 족 자바인 45%, 순다인 14%, 마두라인 7.5%, 말레이인 7.5%, 기타 26% 등 300여 종족으로 구성
- ★ 종 교 회교 87%, 기독교 6%, 천주교 3%, 힌두교 2%, 불교1%
- ★ 언 어 인도네시아어
- ★ 시 차 한국보다 2시간 늦음
- ★ 화 폐 단 위 루피아 Rupiah

기후와 계절

적도에 위치한 인도네시아는 열대성 기후로 일년 내내 덥고 습도가 높다. 자카르타 지역의 일일 평균 기온은 21도에서 33도 정도이다.
인도네시아는 하루 종일 강한 햇빛이 쨍쨍 비치는 건기와 굵은 빗줄기의 소나기가 내리고 그치기를 반복하는 우기인 두 계절로 이루어져 있다. 건기는 6월부터 10월까지이고 우기는 11월에서 3월까지이며, 하루 종일 비가 내렸다 그쳤다 하여 습도가 높다.

5번 기도하는 의무 Salat 살랏 / Sholat 숄랏

인도네시아 무슬림(이슬람교도)은 하루에 5회씩 기도를 한다. 이슬람교에서 신도에게 예배시간을 알리는 소리를 아잔azan이라고 하는데, 매일 5차례 일정한 시각이 되면 담당 무슬림이 종탑 위에 올라가 성도(聖都) 메카를 향하여 기립하여 확성기로 소리높이 외치며 기도시간을 알린다. TV에서도 기도 시간이 되면 기도를 알리는 화면으로 바뀐다.

기도는 숄랏 sholat / 살랏 salat 이라고 하는데, 대부분의 공공장소에는 무숄라 Musholla 라고 하는 기도실이 마련되어 있으며, 공장 · 사무실 외에도 공항에도 무숄라 Musholla가 마련되어 있다.

무슬림들은 기도 하기 전에 반드시 몸을 씻어야 하는데, 살라트(기도) 전에 몸을 씻는 행위를 우두 Wudhu라 한다. 주로 머리 · 얼굴 · 귀 · 팔 · 발을 씻는다. 기도 하기 전에 몸을 씻는 장소도 우두 Wudhu라 칭한다.

◀우두 Wudhu ▲무숄라 Musholla

관습 및 금기사항

인도네시아 관습은 아닷 Adat이라는 관습법을 따른다. 아닷 법률은 각 지역마다 그리고 지역별로 구성하고 있는 민족에 따라 다르다.
또한, 아닷 법률은 타이슬람국가와는 다르게 여성의 정당한 권리를 인정한다.

국민의 90%가 이슬람교도인 인도네시아에는 종교와 문화적으로 금기시하는 사항들이 아래와 같이 있으니 항상 염두 해야 해.

1 사람의 머리를 만지지 않는다.

너 지금
내 머리 만진거니?
슥슥~
하하~
너 머리
귀여워~

인도네시아인들에게 머리는 영혼을 담은 곳으로 신성하다고 믿는다. 우리나라 사람들은 어린아이들이 귀엽다고 머리를 쓰다듬는데 인도네시아에서는 모욕적인 행위이므로 사람의 머리는 만지지 말도록 하자.

2 물건을 건낼 때 반드시 오른손을 사용한다.

인도네시아인들은 왼손은 화장실에서 뒷처리 할 때만 쓰는 것으로 왼손과 오른손의 용도가 정확히 구분되어 있다. 쓰레기나 더러운 것을 다룰 때에는 왼손을 사용하며, 상대방에게 물건을 주고 받거나 악수할 때와 식사할 때에는 오른 손을 사용한다.

어떤걸 먹을까?
돼지고기는
먹지 말아야지!

3 무슬림과 있을 경우 돼지고기를 먹지 않는다.

무슬림들은 돼지고기를 금기시하므로 무슬림과 함께 식사할 때는 돼지고기를 먹도록 권하거나 먹지 말아야 한다.

(예외: 힌두교를 믿는 발리섬에서는 돼지고기를 먹는다.)

4 화장실 사용 습관

인도네시아의 화장실에는 휴지가 없는 경우가 있다. 대신 물을 사용해 왼손으로 뒷처리를 한다. 화장실 좌변기 혹은 양변기 옆에 놓여 있는 바가지와 물을 이용해 오른손으로 바가지에 물을 떠서 왼손으로 물을 뿌리며 뒤를 씻는데, 인도네시아인들은 휴지보다 물로 뒷처리를 하는 것이 훨씬 깨끗하고 위생적이라고 여긴다.

사야 오랑 꼬레아
Saya orang Korea.
저는 한국사람입니다.

Hadi

아빠 까바르 부
Apa kabar, Bu?

Tuti

바익 바익 사자. 아빠 까바르?
Baik-baik saja. Apa kabar?

마리 사야 끄날깐. 이니 빡 리
Mari saya kenalkan. Ini Pak Lee.

나마 사야 뚜띠. 스낭 스깔리 버르뜨무 등안 안다
Nama saya Tuti. Senang sekali bertemu dengan Anda.

Chul-su

사야 주가 스낭 스깔리 버르뜨무 등안 안다
Saya juga senang sekali bertemu dengan Anda.

아빠 안다 오랑 인도네시아, 부깐
Apa Anda orang Indonesia, bukan?

야. 사야 오랑 인도네시아 안다 다리 마나
Ya. Saya orang Indonesia. Anda dari mana?

사야 다리 꼬레아. 이부, 띵갈 디 마나
Saya dari Korea. Ibu, tinggal di mana?

사야 띵갈 디 자까르따
Saya tinggal di Jakarta.

Hadi가 철수와 Tuti를 서로 소개시켜 준다.

하디 어떻게 지내세요? (안녕하세요?)

뚜띠 잘 지냅니다. 어떻게 지내세요?(안녕하세요?)

하디 소개해드리겠습니다. 이분은 이 선생님입니다.

뚜띠 제 이름은 뚜띠입니다. (당신과) 만나서 매우 반갑습니다.

철수 저도 (당신과) 만나서 매우 반갑습니다.
당신은 인도네시아 분이시죠, 그렇죠?

뚜띠 네. 저는 인도네시아인입니다. 당신은 어느 나라분입니까?

철수 저는 한국에서 왔어요. (선생님은) 어디에서 사시나요?

뚜띠 저는 자카르타에서 삽니다.

단어

- □ **apa** 아빠 — 무엇 의문사, 영어의 what
- □ **kabar** 까바르 — 소식
  Apa kabar? 아빠 까바르 어떻게 지내세요?(안녕하세요?)
- □ **baik** 바익 — 좋은
- □ **saja** 사자 — 단지, 그저
- □ **mari** 마리 — 영어의 let 자 ~ 합시다.
- □ **kenalkan** 끄날깐 — 소개하다
- □ **ini** 이니 — 이 분, 이 것 지시대명사
- □ **dari** 다리 — ~로 부터
- □ **Korea** 꼬레아 — 한국
- □ **orang** 오랑 — 사람
- □ **Indonesia** 인도네시아 — 인도네시아
- □ **bukan** 부깐 — ~이 아니다 명사를 부정
- □ **Ibu** 이부 — 선생님 여성인 윗사람을 부를 때
- □ **tinggal** 띵갈 — 살다
- □ **di** 디 — ~에, ~에서
- □ **mana** 마나 — 어디 의문사
- □ **Jakarta** 자까르따 — 자카르타 인도네시아 수도

아주 쉬운 해설

Apa kabar? 어떻게 지내세요?

오랜만에 만나 상대방의 안부를 물을 때 일반적으로 Apa kabar 아빠 까바르 어떻게 지내세요? 잘 지내셨어요?라고 말한다.

아빠 까바르
Apa kabar, + 2인칭대명사 ?

예
아빠 까바르, 빡 리
Apa kabar, Pak Lee? 이 선생님, 안녕하세요?

아빠 까바르, 부 낌
Apa kabar, Bu Kim? 김 여사, 안녕하세요?

2인칭대명사

아빠 까바르, 부 뚜띠
Apa kabar, Bu Tuti? 뚜띠 씨, 안녕하세요?

아빠 까바르, 빡 뽈리시
Apa kabar, Pak Polisi? 경찰아저씨, 안녕하세요?

아빠 까바르, 줄리
Apa kabar, Julie? 줄리, 안녕하세요?

★이름을 모르는 젊은남자를 부를 때 : Mas 마스 | 오빠·형의 의미로 아는 사람을 부를 때 : ~씨의 의미

아빠 까바르, 마스
Apa kabar, Mas? 아저씨, 안녕하세요?

★ 이름을 모르는 젊은여자를 부를 때 : Mbak 음박 | 언니, 누나의 의미로 아는 사람을 부를 때 : ~씨의 의미 결혼을 했더라도 Mbak 음박이라 불릴 수 있다.

아빠 까바르, 음박
Apa kabar, Mbak? 아가씨, 안녕하세요?

★ 남 · 녀 모두 부를 때

아빠 까바르, 사우다라 사우다리
Apa kabar, Saudara-saudari? 여러분, 안녕하세요?

★ 남성인 윗사람들을 부를 때

아빠 까바르, 바빡 바빡
Apa kabar, Bapak-bapak? 여러분들, 안녕하세요?

★ 여성인 윗사람들을 부를 때

아빠 까바르, 이부 이부
Apa kabar, Ibu-ibu? 여러분들, 안녕하세요?

대답은 Baik-baik saja. 바익 바익 사자 **좋습니다, 잘 지냅니다** 라고 하면 된다.

Mari saya kenalkan. 소개해 드리겠습니다.

mari 마리 는 자, ~ 합시다, ~ 하겠습니다란 뜻으로 영어 let의 쓰임과 같다. kenalkan 끄날깐 은 소개하다 란 뜻으로 Mari saya perkenalkan. 은 영어의 Let me introduce+목적어. 와 같고 직역하면 (제가) 소개해 드리겠습니다란 의미가 된다.

Ini Pak Lee dari Korea. 이 분은 한국에서 온 이 선생입니다.

Ini + A 이분은 A이다.
이것은 A이다.

❶ ini 이 분, 이것

Ini는 지시대명사로 영어의 this와 같다. 가까운 사물이나 사람을 지시할 때 쓰이며 사물을 지시할 때는 이것, 사람을 소개할 때는 이 분, 이 사람을 의미한다.
이 때 Ini 뒤에 인도네시아의 be동사인 adalah 아달라 ~입니다 는 생략되었다. 이처럼 회화체에서는 adalah 아달라 를 거의 쓰지 않는다.

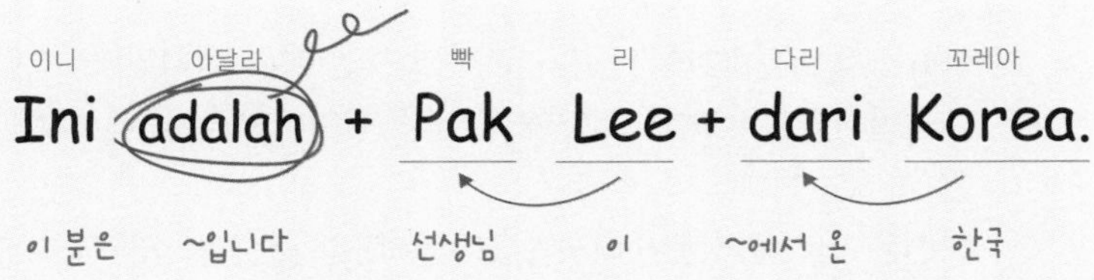

Pak빡 은 남성인 윗사람이나, 남성을 존칭할 때 쓰며 ~선생님이란 뜻으로 Pak Lee는 이 선생님을 뜻한다.
dari다리 는 ~에서 부터란 뜻이고, Korea꼬레아 는 한국이란 뜻으로 Pak Lee dari Korea빡 리 다리 꼬레아 는 이 선생님은 한국에서 왔습니다 란 뜻이 된다.

Ini 문장의 어순

1. 긍정문
주어
S
보어
이니 부 정
Ini + Bu Chung. (= This is Mrs. Chung.) 이 분은 정선생님입니다.
이 분 정선생님
이니 부꾸
Ini + buku. (= This is a book.) 이것은 책입니다.
이것 책
2. 부정문
주어
S
부깐
bukan
보어
이니 부깐 부 정
Ini + bukan + Bu Chung. 이 분은 정선생님이 아닙니다.
이 분 ~이 아닙니다 정선생님

❷ dari ~에서부터, ~에서부터 온

다리
dari + 국적, 고향

dari는 영어의 from과 같다. 본래 뜻은 ~에서 부터인데, 줄임말을 좋아하는 인도네시아인들은 국적과 고향 등 출신을 묻거나 대답할 때 dari를 사용해 ~에서부터 온 이라고 한다.
당신은 어디에서 왔습니까?, 당신은 어디 출신입니까? 라고 물을 때는 Anda dari mana? 안다 다리 마나 라고 한다. mana 마나 는 어디라는 의문사이다.
대답은 2가지로 할 수 있다.

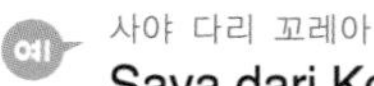

예 사야 다리 꼬레아
Saya dari Korea. 저는 한국출신입니다.

사야 다땅 다리 꼬레아
Saya datang dari Korea. 저는 한국에서 왔습니다.

* datang 다땅 오다

국적, 출신을 묻는 다른 표현

~ 출신이다란 뜻의 berasal 버르아살 을 사용해 물을 수 있다.

▶ 출신을 물을 때

당신은 어디 출신입니까? 당신은 어느 나라에서 왔습니까?	안다 버르아살 다리 마나 Anda berasal dari mana? * berasal dari 버르아살 다리 ~출신이다
···▸ 저는 한국에서 왔습니다.	사야 버르아살 다리 꼬레아 Saya berasal dari Korea.
···▸ 저는 한국에서 왔습니다.	사야 다땅 다리 꼬레아 Saya datang dari Korea. * datang 다땅 오다
···▸ 저는 한국 사람입니다.	사야 오랑 꼬레아 Saya orang Korea.

Saya orang Indonesia. 저는 인도네시아 사람입니다.

문장의 어순

1. 긍정문

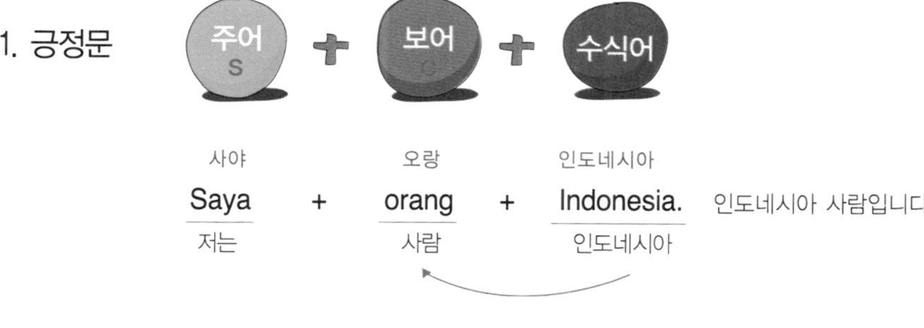

2. 의문문

평서문 앞에 의문사 Apa를 놓고 문장 끝에 물음표를 붙이면 **~입니까?** 란 의문문이 된다.

3. 부정문

부정사 **tidak** 띠닥 은 **~이 아니다** 란 뜻으로 동사와 형용사를 부정하며, 명사의 부정은 **bukan** 부깐 을 사용한다.

긍정 ○

야
Ya. 네

야. 사야 오랑 인도네시아
Ya. Saya orang Indonesa. 네. 저는 인도네시아 사람입니다.

부정 ×

부깐
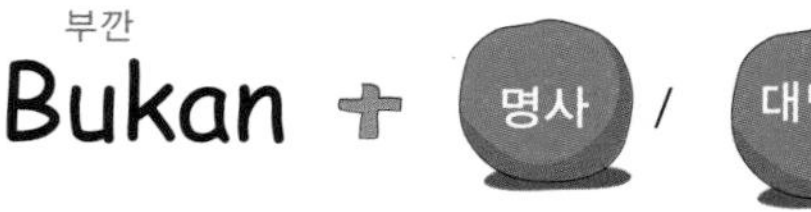

띠닥. 사야 부깐 오랑 인도네시아
Tidak. Saya bukan orang Indonesia.
아니오. 저는 인도네시아 사람이 아닙니다.

띠닥

안다 수까 미눔 떼
A: Anda suka minum teh? 당신은 차 마시는 것을 좋아하십니까?

띠닥 사야 띠닥 수까 미눔 떼
B: Tidak. Saya tidak suka minum teh.
아니오. 저는 차 마시는 것을 좋아하지 않습니다.

4. 부가의문문

의문문 문장 맨 끝에, **bukan** 부깐 **~이 아니다** 를 넣어, **그렇지 않습니까?** 라고 표현한다.

아빠 안다 오랑 인도네시아, 부깐
예 Apa Anda orang Indonesia, bukan?
당신은 인도네시아 사람이시죠. 그렇죠?

Bapak, tinggal di mana? 선생님, 어디에 사시나요?

tinggal 띵갈 은 살다, di 디 ~에, mana 마나 의문사 어디 란 뜻으로 di mana는 어디에(서) 란 뜻이다. 해석하면, 선생님, 어디에 사십니까? 이다.

❶ di mana 디 마나 어디에 는 영어의 where와 같으며, di mana는 문장 앞과 뒤에 모두 놓일 수 있다,

di + mana = 영어의 where

▶ 문장 앞에 위치

화장실은 어디에 있습니까?	디 마나 아다 웨쎄 Di mana ada WC?

▶ 문장 뒤에 위치

화장실은 어디에 있습니까?	웨쎄냐 아다 디 마나 WCnya ada di mana?

＊WC 웨쎄 화장실
ada 아다 있다

❷ di 디 는 ~에, ~에서란 뜻으로 영어의 in과 같다. 장소 앞에 di를 놓아 ~ 에, ~에서 란 뜻이다.

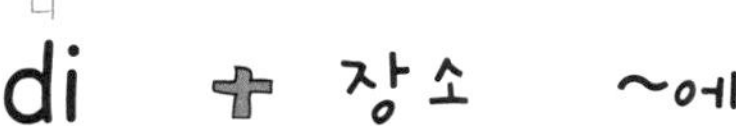

예 사야 띵갈 디 자까르따
Saya tinggal di Jakarta. 저는 자카르타에 삽니다.

인도네시아에서 통하는 회화따라하기

상대방에 따라 달라지는 인사표현

1 Siapa nama (시아빠 나마)

Siapa nama 시아빠 나마	Anda, Pak 안다, 빡	? 선생님남성 당신의 이름은 무엇입니까?
	Anda, Bu 안다, 부	선생님여성 당신의 〃
	Bapak 바빡	선생님남성 의 〃
	Ibu 이부	선생님여성 의 〃
	Anda 안다	당신의 이름은 무엇입니까?
···› Nama saya 나마 사야	Yulius William. 율리우스 윌리암	제 이름은 율리우스 윌리암입니다.
	Kim Su-young. 김수영	〃 김수영입니다.
	Susi. 수시	〃 수시입니다.

2 Anda dari mana? 당신은 어디에서 오셨습니까?
안다 다리 마나

Saya dari Korea.
사야 다리 꼬레아
저는 한국에서 왔습니다.

Saya dari Indonesia.
사야 다리 인도네시아
저는 인도네시아에서 왔습니다.

Saya dari Jepang.
사야 다리 즈빵
저는 일본에서 왔습니다.

잘 듣고 따라해 보세요~

Saya dari Seoul. 저는 서울에서 왔습니다. (=저는 서울사람입니다.)
사야 다리 서울

Saya dari Seoul.
사야 다리 서울
저는 서울에서 왔습니다.

Saya dari Busan.
사야 다리 부산
저는 부산에서 왔습니다.

Saya dari Jakarta.
사야 다리 자까르따
저는 자카르타에서 왔습니다.

Saya dari Surabaya.
사야 다리 수라바야
저는 수라바야에서 왔습니다.

* datang dari~ 다땅 다리~ ~에서 오다
문맥이 분명할 때 datang은 생략할 수 있다.

나라 ▸ Saya orang ______________. 저는 ________ 사람입니다.

	Korea 꼬레아 한국		Indonesia 인도네시아 인도네시아		China(Cina) 찌나 중국
	Jepang 즈빵 일본		Perancis 쁘란찌스 프랑스		Inggris 잉그리스 영국
	Amerika Serikat 아메리까 스리깟 미국		Asia 아시아 아시아		Asia Tenggara 아시아 뜽가라 동남아시아

나라와 지명의 첫글자는 대문자로 쓴다. 

까무 버꺼르자 디 마나 스까랑

Kamu bekerja di mana sekarang?

요즘 너 어디서 일하니?

하이 산띠. 수다 라마 끼따 띠닥 버르뜨무

Iwan: Hai, Santi. Sudah lama kita tidak bertemu.

바가이마나 까바르 까무

Bagaimana kabar kamu?

바익. 바가이마나 까바르 까무

Santi: Baik. Bagaimana kabar kamu?

아꾸 주가 바익. 스까랑 까무 마우 뻐르기 끄 마나

Aku juga baik. Sekarang, kamu mau pergi ke mana?

스까랑 아꾸 마우 뻐르기 꺼르자

Sekarang, aku mau pergi kerja.

까무 버꺼르자 디 마나 스까랑

Kamu bekerja di mana sekarang?

아꾸 버꺼르자 디 루마 사낏 뽄독 인다 스바가이 독떠르.

Aku bekerja di Rumah Sakit Pondok Indah sebagai dokter.

깔라우 까무. 버꺼르자 디 마나

Kalau kamu, bekerja di mana?

아꾸 믕아자르 바하사 인도네시아 디 우니버르시따스 인도네시아

Aku mengajar bahasa Indonesia di Universitas Indonesia.

오랜만에 친구를 만나 안부를 물을 때

이완	산띠야, 안녕? 오랜만이야. 어떻게 지냈니?
산띠	잘 지내. 너는 어떻게 지냈니?
이완	나도 잘 지내. 너 지금 어디 가?
산띠	나 지금 일하러 가.
이완	요즘 너 어디서 일하니?
산띠	뽄독 인다 종합병원에서 의사로 일해. 너는 어디서 일하니?
이완	인도네시아 대학교에서 인도네시아어를 가르쳐.

단어

Track 09

- □ sekarang 스까랑 — 지금
- □ kamu 까무 — 너
- □ bekerja 버꺼르자 — 일하다
- □ di mana 디 마나 — 어디에
- □ Hai 하이 — 안녕
- □ sudah 수다 — 이미 ~한
- □ lama 라마 — 오래된, 오랫동안
- □ kita 끼따 — 우리 청자를 포함
- □ tidak 띠닥 — ~이 아니다 동사 형용사를 부정
- □ bertemu 버르뜨무 — 만나다
- □ bagaimana 바가이마나 — 어떻게 영어의 how
- □ aku 아꾸 — 나
- □ mau 마우 — ~하려고 한다, ~하고 싶다
- □ pergi 뻐르기 — 가다
- □ ke 끄 — ~로
- □ kerja(pekerjaan) 꺼르자(뻐꺼르잔) — 일
- □ rumah sakit 루마 사낏 — 병원
- □ Rumah Sakit Pondok Indah 루마 사낏 뽄독 인다 (실제로 남부 자카르타에 소재한 종합병원 이름) 뽄독 인다 종합병원
- □ sebagai 스바가이 — ~로서
- □ dokter 독떠르 — 의사
- □ mengajar 멍아자르 — 가르치다
- □ bahasa 바하사 — 언어
- □ Indonesia 인도네시아 — 인도네시아
- □ di 디 — ~에, ~에서
- □ universitas 우니버르시따스 — 대학교 뒤에 이름이 오면 대문자 표기, 일반 명사는 소문자 표기

아주 쉬운 해설

Sudah lama kita tidak bertemu. 오랜만이야.

❶ Sudah 수다 이미 ~한

Sudah 수다 는 이미 ~한이란 의미로 과거형을 나타내는 단어이다. 인도네시아어는 영어와 달리 동사에 시제 변화가 없는 대신, 시제(상)를 나타내는 단어를 동사 앞에 놓아 시제를 표현한다.
lama 라마는 오래된, 오랫 동안이란 뜻으로 sudah lama 수다 라마를 직역하면 이미 오래되다란 의미이다.

❷ tidak 띠닥 ~이 아니다 란 뜻으로 동사와 형용사를 부정한다.

동사를 부정하는 부정사 tidak 띠닥 을 동사 앞에 놓아 ~이 아니다란 의미가 된다.
kita 끼따는 우리듣는 사람을 포함 란 뜻이며, bertemu 버르뜨무 는 만나다 란 뜻이된다.
Sudah lama kita tidak bertemu 수다 라마 끼따 띠닥 버르뜨무 는 직역하면 우리 만나지 않은지 이미 오래됐다 란 뜻이며, 영어의 long time no see와 같이 오랜만이야. 라는 의미이다.

Bagaimana kabar kamu? 너 어떻게 지냈니?

안부인사로 친한 친구, 직장 동료와 이웃 주민과 오랜만에 만나 안부를 물을 때 쓰는 표현이다.

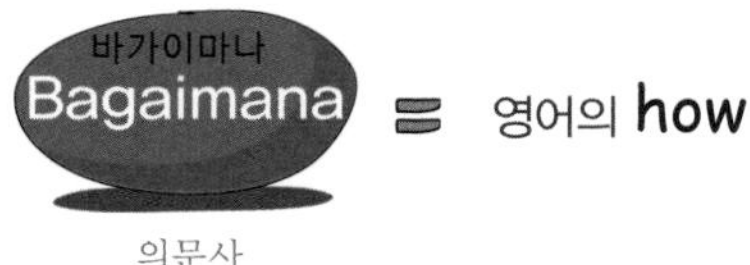

= 영어의 how

상태를 물을 때는 영어의 how에 해당하는 의문사 bagaimana 바가이마나 어떻게 를 문두에 놓아 묻는다.
Bagaimana kabar kamu? 바가이마나 까바르 까무 를 직역하면 너의 소식은 어떻니? 인데, 즉, 너 어떻게 지냈니? 란 의미가 된다. 대답은 Aku juga baik. 아꾸 주가 바익 나도 또한 잘지내. 라고 한다.

예
바가이마나 까바르 까무
A: Bagaimana kabar kamu? (너) 어떻게 지냈니?
아꾸 주가 바익
B: Aku juga baik. (나) 잘 지냈어.

3. Kamu mau pergi ke mana? 너 어디 가니?

❶ mau 마우는 ~하고 싶다, ~하려고 한다 란 뜻으로 영어의 want, will에 해당한다. pergi 뻐르기는 가다, mau pergi 마우 뻐르기는 가고 싶다, 가려고 하다 란 뜻이다.

❷ 이에 대한 대답으로 ~하러 가. 라고 표현 할 때는 mau + 동사 + 목적어로 말하면 된다.

예
아꾸 마우 뻐르기 끄 끌라스
Aku mau pergi ke kelas. 나 수업(에) 가.

＊kelas 끌라스 수업

인도네시아인들은 길거리를 지나다 이웃 주민을 만나거나 밖에서 친구나 직장동료와 마주칠 때 **mau ke mana?** 마우 끄 마나 **어디 가?** 라고 즐겨 묻곤하는데, 이때의 **mau ke mana** 마우 끄 마나 는 **안녕?**을 대신하는 인사와 같다.
대답할 때는 간단하게 **ke Hero** 끄 헤로 (인도네시아의 체인) **슈퍼마켓 가.**
ke warung kopi 끄 와룽 꼬삐 **커피마시러 가.** 처럼 간단하게 대답하면 된다.

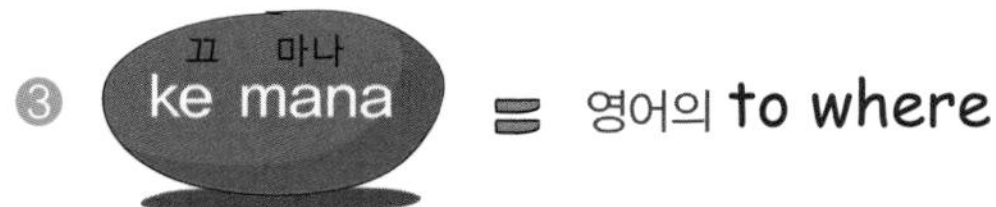

❸ ke mana = 영어의 **to where**

ke 끄 는 **~로** 란 의미로 영어의 **to**와 같고, 의문사 **mana** 마나 는 **어디** 란 뜻으로 영어의 **where**과 같다. **ke**와 **mana**가 결합한 **ke mana**는 **어디로** 란 의미로 **어디에 갑니까?** 라고 물을 때 쓴다.
이 때, **ke mana**는 문장 맨 앞 또는 뒤에 놓이며, 어디에 갑니까? 란 의문문으로 쓰인다.

di mana와 마찬가지로 회화체에서는 주로 ke mana를 문장 뒤에 놓아 묻는다.

*** Mau ke mana?와 관련된 나의 에피소드**

어디 가니?
안녕?
Mau ke mana?
아~ 헷갈린당~

처음 내가 인도네시아에 와서 인도네시아 국립대학교 근처에서 하숙을 할 때 일이다. 인도네시아에 온 지 얼마 안 되어 모든 것이 낯 설었을 때, 동네 주민들과 학생들을 마주칠 때마다 모두 반갑게 미소를 지으며 **Mau ke mana?** 라고 묻곤 했다.
처음에는 일일이 누구 만나러 어디 간다, 무엇을 하러 어디에 간다고 대답을 했었는데, 인도네시아에 적응을 하고나서야 **Mau ke mana?**가 **안녕?**과 같은 인도네시아인들의 인사였다는 것을 알았다.
그 다음부터는 동네 주민이 **Mau ke mana?**라고 물을 때는 최대한 간단하게 **슈퍼마켓가요.** 라고 웃음으로 답하곤 했다.

Kamu bekerja di mana? 너는 어디에서 일하니?

di 디 는 ~에서 란 의미로 영어의 in과 같고, 의문사 mana 마나 는 어디 란 뜻으로 영어의 where과 같아서 di mana는 어디에서 란 의미로 장소를 물을 때 쓴다. 이 때, di mana는 문장 맨 앞과 뒤에 놓일 수 있다.

회화체에서는 주로 di mana를 뒤에 놓는다. 

이외, 직업을 말하는 표현은 다음과 같다.

▶ 직업을 묻는 다른 표현

선생님(남/여)의 직업이 무엇인지 알아도 될까요?	볼레 사야 따후 아빠 뻐꺼르자안 바빡 / 이부 **Boleh saya tahu apa pekerjaan Bapak / Ibu?**
선생님(남성), 직업이 무엇입니까?	빡, 뻐꺼르자안냐 아빠 **Pak, pekerjaannya apa?**
선생님(여성), 직업이 무엇입니까?	부, 뻐꺼르자안냐 아빠 **Bu, pekerjaannya apa?**
선생님(남/여)의 직업이 무엇입니까?	아빠 뻐꺼르자안 바빡 / 이부 **Apa pekerjaan Bapak / Ibu?**
선생님(여성)의 직업이 무엇입니까?	아빠 뻐꺼르자안 이부 **Apa pekerjaan Ibu?**
당신의 직업은 무엇입니까?	아빠 뻐꺼르자안 안다 **Apa pekerjaan Anda?**

Aku bekerja di ~ 나는 ~에서 일해.

버꺼르자 디

❶ **bekerja di + 장소 ~에서 일하다**

~에서 일하다라고 표현 할때는 bekerja 버꺼르자 일하다 + di 디 ~에서 + 장소로 말한다.

Rumah Sakit 루마 사낏은 병원 이란 뜻이며, Pondok Indah 뽄독 인다는 아름다운 오두막집이란 뜻인데, Jakarta Selatan 자까르따 슬라딴 남부 자카르타에 소재한 유명한 종합병원 이름이다.

❷ sebagai ~로서

스바가이

sebagai + 직업/자격 ~로서

sebagai 스바가이는 ~로서란 뜻으로 지위나 신분 또는 자격을 나타내는 격조사이다.

스바가이 뻐라왓
sebagai + perawat 간호사로서

스바가이 도센
sebagai + dosen 교수로서

인도네시아에서 통하는 회화따라하기

직업 묻고 답하기

1 Apa pekerjaan Anda? 당신의 직업은 무엇입니까?
아빠 뻐꺼르자안 안다

···› Saya guru. 저는 선생님입니다.
사야 구루

···› Saya dosen. 저는 대학강사입니다.
사야 도센

···› Saya mahasiswa(i). 저는 대학생(남/여)입니다.
사야 마하시스와

···› Saya pengusaha. 저는 사업가입니다.
사야 뻥우사하

···› Saya mengajar bahasa Inggris. 저는 영어를 가르칩니다.
사야 믕아자르 바하사 잉그리스

직업 ▸ Saya _____________ . 저는 _______ 입니다.

 pelajar 뻘라자르 학생	 mahasiswi 마하시스위 (여자)대학생	 guru 구루 교사, 선생님	 dokter 독떠르 의사
 presiden direktur 쁘레시덴 디렉뚜르 사장	 karyawan bank 까랴완 방 은행원	 karyawan 까랴완 회사원	  sales marketing 셀레스 마르끄띵 마케팅 사원
 penerjemah 뻐너르즈마 통번역가	 ibu rumah tangga 이부 루마 땅가 가정주부	 wartawan surat kabar 와르따완 수랏 까바르 신문기자	
 pengacara 뻥아짜라 변호사	 pegawai negri 쁘가와이 느그리 공무원	pembantu 뼘반뚜 가사도우미 * 인건비가 싼 인도네시아의 중산층 가정에서는 몇 명씩 가사 도우미를 두고 산다. 부잣집의 경우 설거지 담당 도우미, 아이 돌보는 도우미, 빨래만 하는 도우미 등 이렇게 각 도우미가 담당을 하는 것이 정해져 있다.	

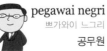

대학생은 mahasiswa/mahasiswi로 남/여가 구별되지만 실제로는 구별하지 않고도 사용 가능!! 

잘 듣고 따라해 보세요~

2 Anda bekerja di mana? 당신은 어디에서 일하십니까?
안다 버꺼르자 디 마나

⋯› Saya bekerja di Rumah Sakit Pondok Indah sebagai dokter.
사야 버꺼르자 디 루마 사낏 뽄독 인다 스바가이 독떠르
저는 뽄독 인다 종합병원에서 의사로 일합니다.

⋯› Saya bekerja di Korea Exchange Bank sebagai karyawan bank.
사야 버꺼르자 디 꼬레아 익스체인지 방 스바가이 까랴완 방
저는 한국외환은행에서 은행원으로 일합니다.

⋯› Saya bekerja di P.T. LG sebagai sales marketing
사야 버꺼르자 디 뻬떼 엘지 스바가이 셀레스 마르끄띵
저는 LG사에서 마케팅 사원으로 일합니다.

＊ P.T.=Perseroan Terbatas 주식회사
뻬떼 뻐르스로안 떠르바따스

⋯› Saya bekerja di surat kabar Chosun sebagai wartawan.
사야 버꺼르자 디 수랏 까바르 조선 스바가이 와르따완
저는 조선일보에서 기자로 일합니다.

Saya bekerja di Rumah Sakit Pondok Indah sebagai dokter.
사야 버꺼르자 디 루마 사낏 뽄독 인다 스바가이 독떠르
저는 뽄독 인다 종합병원에서 의사로 일합니다

여성

그건 내꺼 잖아!!

나 어때? 예뻐??
헤헤

인도네시아의 무슬림 여성들은 항상 질밥을 두르고 다닌다.

* **jilbab** 질밥 **질밥**

인도네시아는 회교국가로 남성위주의 사회임에도 불구하고 여성이 예로부터 무역 및 생산활동에 참여를 했고, 여성에 대한 국가의 규제가 느슨해 전통적으로 여성의 지위가 높은 편이야. 실제로 인도네시아 여성은 다양한 분야에서 사회활동을 하고 있어.

호호호 여자들이 살기 좋아~

예) 선생님, 공무원, 마사지사, 회사원, 변호사, 의사 등등

우리는 한 가족!!

또한, 인도네시아에서는 부계와 모계를 모두 친족범주에 포함시키고, 부계와 모계를 구분하지 않아 친족명칭이나 친족관계 등에서 여성 차별적인 요소가 없다.

Pelajaran 04

아빠 이니

Apa ini?

이것은 무엇입니까?

아빠 이니

Min-su **Apa ini?**

이니 사룽

Linda **Ini sarung.**

아빠 이뚜

Apa itu?

이뚜 바띡 사야

Itu batik saya.

바띡 안다 바구스 스깔리. 따삐, 바띡 이뚜 아빠

Batik Anda bagus sekali. Tapi, batik itu apa?

바띡 이뚜 바주 뜨라디시오날 인도네시아

Batik itu baju tradisional Indonesia.

민수가 Linda에게 묻는다.

➜	민수	이것은 무엇입니까?
	린다	이것은 사룽입니다.
	민수	저것은 무엇입니까?
	린다	저것은 저의 바띡입니다.
	민수	당신의 바띡은 아주 좋네요.(멋지네요) 그런데, 바띡이 무엇입니까?
	린다	바띡은 인도네시아의 전통옷입니다.

단어

- □ **apa** 아빠 — 무엇
- □ **ini** 이니 — 이것
- □ **itu** 이뚜 — 저것
- □ **sarung** 사룽 — 말레이 반도 사람들이 허리에 감는 천
- □ **batik** 바띡 — 전통 염색천으로만든옷
- □ **bagus** 바구스 — (물건의 상태)좋은, 훌륭한
- □ **sekali** 스깔리 — 매우, 아주
- □ **(te)tapi** (뜨)따삐 — 그런데, 그러나
- □ **baju** 바주 — (윗)옷, 의상
- □ **tradisional** 뜨라디시오날 — 전통적인

아주 쉬운 해설

지시 대명사 ini, itu　　이것, 저것(그것)

지시대명사	뜻
ini 이니	이것, 이분/이것들
itu 이뚜	저것, 저분/저것들

ini 이니와 itu 이뚜는 이것, 저것(그것)이라는 뜻의 지시대명사로 영어의 this, that과 같으나 these 이것들, those 저것들에 해당하는 복수형이 따로 없이, 그대로 복수를 나타낸다.

ini는 가까운 사물이나 사람, itu는 멀리 있는 사물이나 사람을 가리킨다.

이니 빡 똠 다리 아메리까 스리깟, 단 이뚜 부 애비 다리 잉그리스
예 Ini Pak Tom dari Amerika Serikat, dan itu Bu Abby dari Inggris.
이 분은 미국에서 온 톰 씨 입니다, 그리고 저 분은 영국에서 온 애비 씨 입니다.

아빠 이니
Apa ini?　　이것은 무엇입니까?

이니 꾸르시
··· Ini kursi.　　이것은 의자입니다.

* kursi 꾸르시 의자

주격/소유격/목적격　　~이/가, ~의, ~를, ~에게

인도네시아어는 영어의 I, my, me와 같은 격변화가 없는 대신, 단어의 위치를 달리하여 주격 ~이/가, 소유격 ~의, 목적격 ~를, ~에게 등을 표현한다.

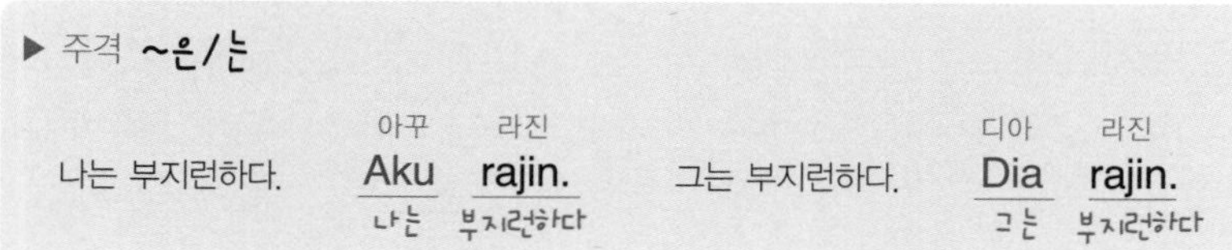

▶ 주격 ~은/는
나는 부지런하다.
아꾸 라진
Aku rajin.
나는 부지런하다
그는 부지런하다.
디아 라진
Dia rajin.
그는 부지런하다

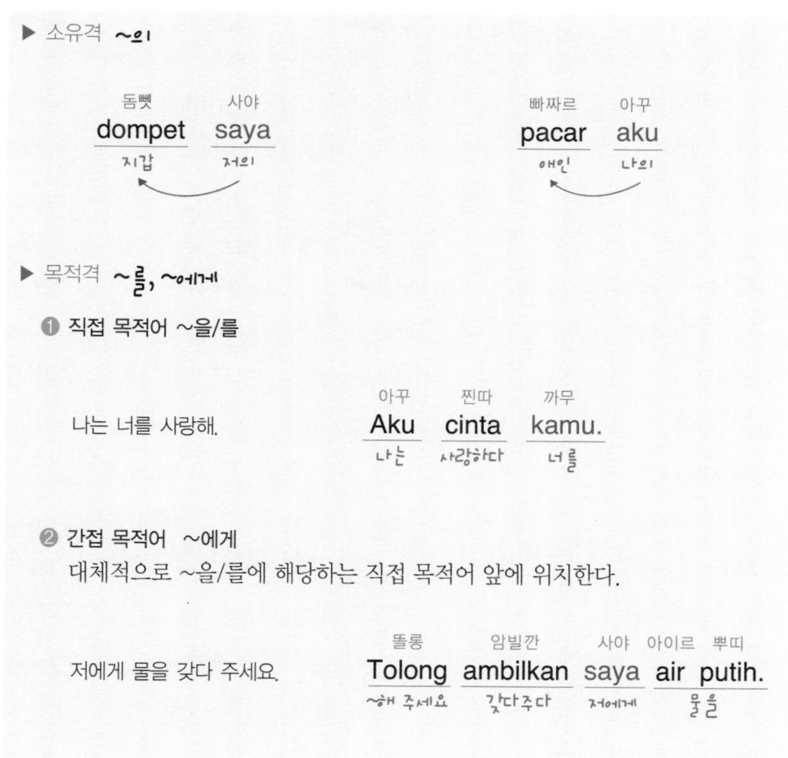

▶ 소유격 ~의
돔뻿 사야
dompet saya
지갑 저의
빠짜르 아꾸
pacar aku
애인 나의
▶ 목적격 ~를, ~에게
❶ 직접 목적어 ~을/를
나는 너를 사랑해.
아꾸 찐따 까무
Aku cinta kamu.
나는 사랑하다 너를
❷ 간접 목적어 ~에게
대체적으로 ~을/를에 해당하는 직접 목적어 앞에 위치한다.
저에게 물을 갖다 주세요.
똘롱 암빌깐 사야 아이르 뿌띠
Tolong ambilkan saya air putih.
~해 주세요 갖다주다 저에게 물을

형용사의 어순

우리말과 같이 형용사가 직접 주어를 받아주기 때문에, 영어의 be동사에 해당하는 adalah를 생략하고 주어 바로 뒤에 형용사가 온다. 그러므로 일반동사문과 패턴이 비슷하다.

형용사문의 어순

2. 형용사를 수식하는 부사의 위치

3. 형용사의 부정문

4. 형용사의 의문문

(te)tapi (뜨)따삐 **그러나, 그런데**

tapi는 그러나란 뜻으로 화제를 전환할 때 사용한다.

예 (뜨)따삐, 이니 뿌냐 시아빠
(Te)Tapi, ini punya siapa? 그런데, 이건 누구의 것입니까?

* **punya** 뿌냐 ~의 것 구어체 표현

인도네시아에서 통하는 회화따라하기

형용사

besar
브사르
크다

kecil
끄찔
작다

banyak
바냑
많다

sedikit
스디낏
적다

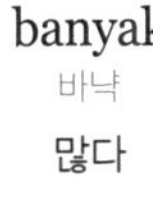

panjang
빤장
길다

pendek
뻰덱
짧다

dekat
드깟
가깝다

jauh
자우
멀다

bagus
바구스
좋다

jelek
즐렉
나쁘다

lebar
레바르
넓다

sempit
슴삣
좁은

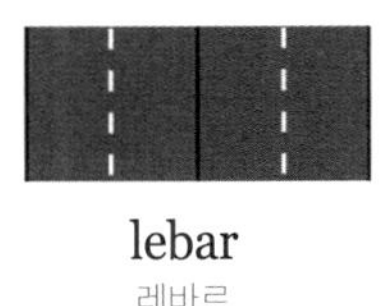

tinggi
띵기
높다

rendah
른다
낮다

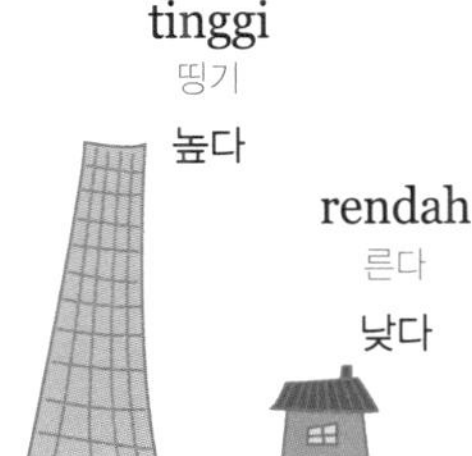

panas
빠나스
덥다

dingin
딩인
춥다

Bagus. 바구스	(물건이) 좋아요.
Kamar ini besar. 까마르 이니 브사르	이 방은 크군요.
Dia tinggi. 디아 띵기	그는 키가 커요.
Dia cantik. 디아 짠띡	그녀는 예뻐요.
Celana ini pendek. 쯜라나 이니 뻰덱	이 바지는 짧아요.

* kamar 까마르 방

* celana 쯜라나 바지

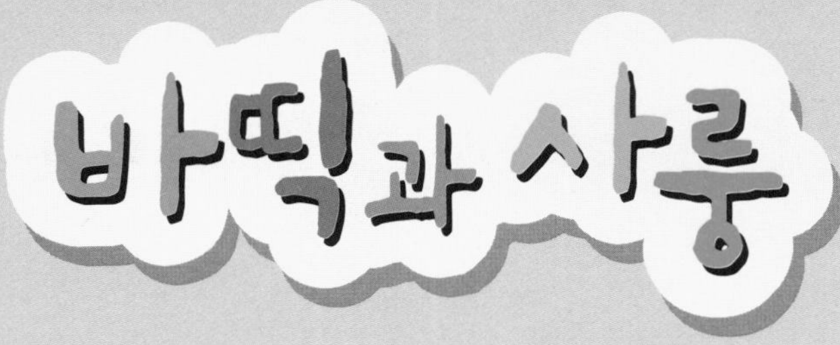

바띡 batik

batik 바띡은 인도네시아식 전통 염색기법을 일컬으며, 12세기부터 자바섬에서 만들기 시작했어.
또한, batik 바띡은 batik염색기법으로 염색한 천을 말하기도 하는데, 셔츠, 블라우스 등 옷을 만들어 공식적인 행사나 결혼식에 참석할 때 인도네시아인들이 입는 인도네시아 전통옷을 말하기도 하지.

원래는 옛날 왕족들이 입는 의상이었으나, 현재는 대중화가 되어 일상복부터 잠옷 등 다양한 용도로 입을 수 있어.

각 지역마다 독특한 색상, 기법과 스타일로 batik 바띡을 만드는데, 문양은 새 · 곤충 · 잎 · 기하학적 무늬 등이 있으며, 수천가지가 넘어.

그 중에서 족자카르타와 솔로 지방은 전통적인 바띡을 생산하는 중심지로 바띡공방이 많이 있으며, 바띡 제작을 외국인 관광객들에게 가르쳐 주는 곳도 있다.

batik 바띡 이란, 옛날 자바어로 '점을 찍다'로 직접 일일이 손으로 점을 찍어 그림을 그리는 것을 말해.

① 한 면에 염색한 것 바띡 뚤리스 batik tulis ② 양면에 염색한 것
③ 일반문양은 프린팅을 하고 미세한 부분만 수공으로 한 것 콤비나시 kombinasi
④ 모든 공정을 형틀로 찍은 것 짭 cap 등 4종류가 있어.

이 중, batik tulis 바띡 뚤리스가 가장 고급이지~~

batik 바띡의 염료는 풀, 나무 뿌리, 잎에서 추출한 천연색을 사용하는데, 요즘에는 화학섬유와 프린트 염색을 사용하기도 해.

더 세게 쳐야지!
그리 쉽게 되는 줄
아느냐!

바띡은 천에 왁스를 입히고 염색을 하는 과정을 반복한 끝에 비로소 멋진 문양이 새겨진 작품으로서 완성되는데, 천은 보통 면이나 실크를 쓰지만 예전에는 왁스가 잘 스며들게 하기 위해 여러 번 삶은 천을 나무 봉으로 두드려 부드럽게 만들기도 했다. 이렇게 만들어진 옷감 위에 흑연이나 목탄으로 초벌 디자인을 한 뒤 여러가지 문양을 새겨 넣는다.

이 초벌디자인이 끝나면 왁스를 입히는데 왁스는 계속되는 염색 단계를 거쳐 천의 각기 다른 부분을 커버하는 역할을 하기 때문에 단순하고 큰 문양이 많을 수록 가격이 낮으며 복잡하고 정교한 문양이 들어갈수록 그 가치는 높아지고 가격 역시 올라 간다.

사룽 Sarung

사룽은 말레이반도 사람들이 허리에 감는 천이다. 말레이시아, 인도네시아, 브루나이, 싱가폴 등지의 말레이 반도 남자들이 매주 금요일에 이슬람 사원에서 기도를 하러 갈 때 사룽을 입고 가는 종교적인 의복일 뿐만 아니라 남녀 모두 집에서 입는 일상복이기도 하다.
사룽은 바띡천으로 만들기도 한다.

잠 브라빠 스까랑

Jam berapa sekarang?

지금 몇 시입니까?

Santi

잠 브라빠 스까랑
Jam berapa sekarang?

Tedi

스까랑 잠 슴빌란 빠기
Sekarang jam sembilan pagi.

비아사냐 이부 띠바 디 깐또르 잠 브라빠
Biasanya Ibu tiba di kantor jam berapa?

띠바 잠 스뜽아 들라빤 빠기 깔라우 바빡
Tiba jam setengah delapan pagi. Kalau Bapak?

사야 주가 깔라우 브기뚜, 잠 브라빠 뿔랑냐
Saya juga. kalau begitu, jam berapa pulangnya?

사야 뿔랑 잠 스뜽아 리마 소레 아따우 잠 리마 소레
Saya pulang jam setengah lima sore atau jam lima sore.

깔라우 뿔랑 꺼르자 비아사냐 끄기아딴냐 아빠, 빡
Kalau pulang kerja, biasanya kegiatannya apa, Pak?

사야 비아사냐 믐바짜 수랏 까바르 아따우 논똔 띠비
Saya biasanya membaca surat kabar atau nonton TV.

깔라우 이부
Kalau Ibu?

사야 비아사냐 믐바짜 마잘라
Saya biasanya membaca majalah.

Santi가 Tedi에게 시간을 묻는다.

산띠	지금 몇 시입니까?
떼디	지금은 오전 9시입니다. 당신은 보통 회사에 몇 시에 도착합니까?
산띠	오전 7시 반에 도착합니다. 당신은요?
떼디	저도요. 그럼, 몇 시에 집에 갑니까?
산띠	저는 오후 4시 반이나 5시에 귀가합니다. 집에 돌아오면 보통 무엇을 합니까?
떼디	저는 보통 신문을 읽거나 TV를 봅니다. 당신은요?
산띠	저는 보통 잡지를 읽습니다.

단어

- □ **jam** 잠 ~시, 시간
- □ **berapa** 브라빠 얼마, 몇 의문사
- □ **sekarang** 스까랑 지금
- □ **sembilan** 슴빌란 9
- □ **biasanya** 비아사냐 보통, 대개
- □ **tiba** 띠바 도착하다
- □ **kantor** 깐또르 사무실
- □ **setengah** 스뜽아 절반, 반
- □ **delapan** 들라빤 8
- □ **kalau** 깔라우 ~라면 영어의 if
- □ **pulang** 뿔랑 돌아가다, 귀가하다
- □ **kerja** 꺼르자 일
  bekerja 버꺼르자 일하다 / pekerjaan 뻬꺼르자안 일
- □ **kegiatan** 끄기아딴 활동
- □ **membaca** 믐바짜 읽다
- □ **surat kabar** 수랏 까바르 신문
- □ **atau** 아따우 ~ 또는 영어의 or
- □ **(me)nonton** (므)논똔 (연극, 영화를) 보다,시청하다
- □ **TV** 띠피= **televisi** 텔레비시 TV
- □ **majalah** 마잘라 잡지

아주 쉬운 해설

Jam berapa? 몇 시 입니까?

jam 잠 은 ~시란 뜻으로 jam 의문사 뒤에 얼마 혹은 몇 을 뜻하는 berapa 브라빠 를 놓아 물으면 된다.

잠
jam + 숫자 ~시

지금 몇 시입니까?를 물을 때는 지금을 뜻하는 sekarang을 써 Sekarang jam berapa?로 표현한다.

❶ 오전/이른 오후/오후/저녁 ~시 입니다.
jam 잠 뒤에 해당시간의 숫자 + pagi 빠기 오전 / siang 시앙 이른 오후 / sore 소레 오후/ malam 말람 저녁 을 써서 표현한다.

잠 / 빠기 / 소레
jam + 숫자 + pagi 오전 / sore 오후

예 오후 2시

잠	두아		시앙
jam	dua	+	siang
시	2		이른 오후

5시

잠	리마
jam	lima
시	5

그냥 ~시라고 말할 때는 jam +시간 을 말하면 된다. 

❷ ~시 ~분입니다.라고 말할 때는 jam 잠 뒤에 숫자 + 숫자 + menit 을 쓴다.

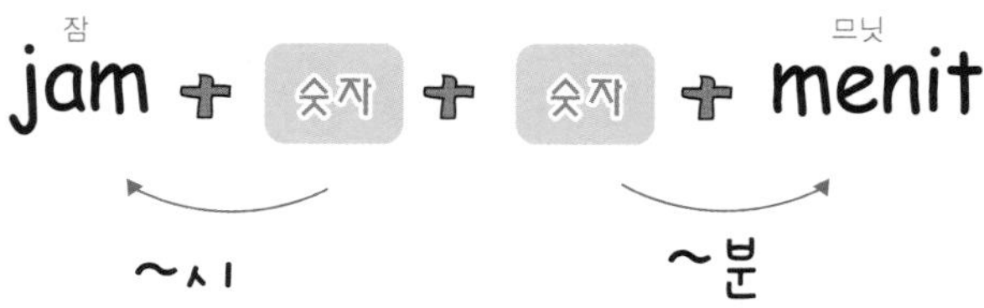

예 8시 40분

잠	들라빤	음빳	뿔루	므닛
jam	delapan	empat	puluh	menit
시	8	40		분

그냥 ~시 ~분이라고 말할 때는 jam + 숫자 + 숫자 + menit이라고 한다. 

오후 4시 13분

잠	음빳	띠가	블라스	므닛		소레
jam	empat	tiga	belas	menit	+	sore
시	4	13		분		오후

③ 30분 입니다는 2가지 표현이 있다.

잠 스뜽아
jam setengah + 시간 + 1

jam 뒤에 setengah 스뜽아 반, 절반을 쓰고 해당시간 + 1 을 더한 숫자 를 써서 표현한다.
직역하면, 오전 8시의 절반으로 이때의 절반은 1시간의 절반을 의미해 30분을 뜻한다. 이처럼 ~시 반(30분)을 말할 때 우리나라와 거꾸로 말을 한다.

예 7시 반

잠	스뜽아	들라빤
jam	setengah	delapan
시	절반	8

해당 시간에 더하기 1(+1)을 사용해 표현하는 것에 주의!! 

또한 ~시 ~분입니다라고도 할 수 있다.

예 7시 반

잠	뚜주	띠가	뿔루	므닛
jam	tujuh	tiga	puluh	menit
시	7	30		분

때를 나타내는 단어

Track 17

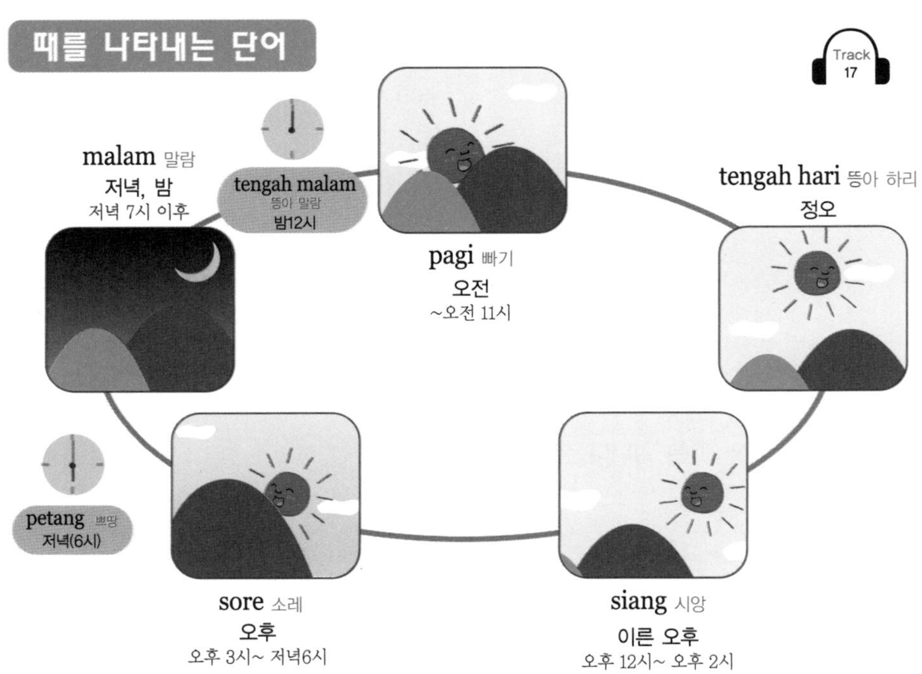
malam 말람
저녁, 밤
저녁 7시 이후
tengah malam
뜽아 말람
밤12시
pagi 빠기
오전
~오전 11시
tengah hari 뜽아 하리
정오
petang 쁘땅
저녁(6시)
sore 소레
오후
오후 3시~ 저녁6시
siang 시앙
이른 오후
오후 12시~ 오후 2시

시간 jam

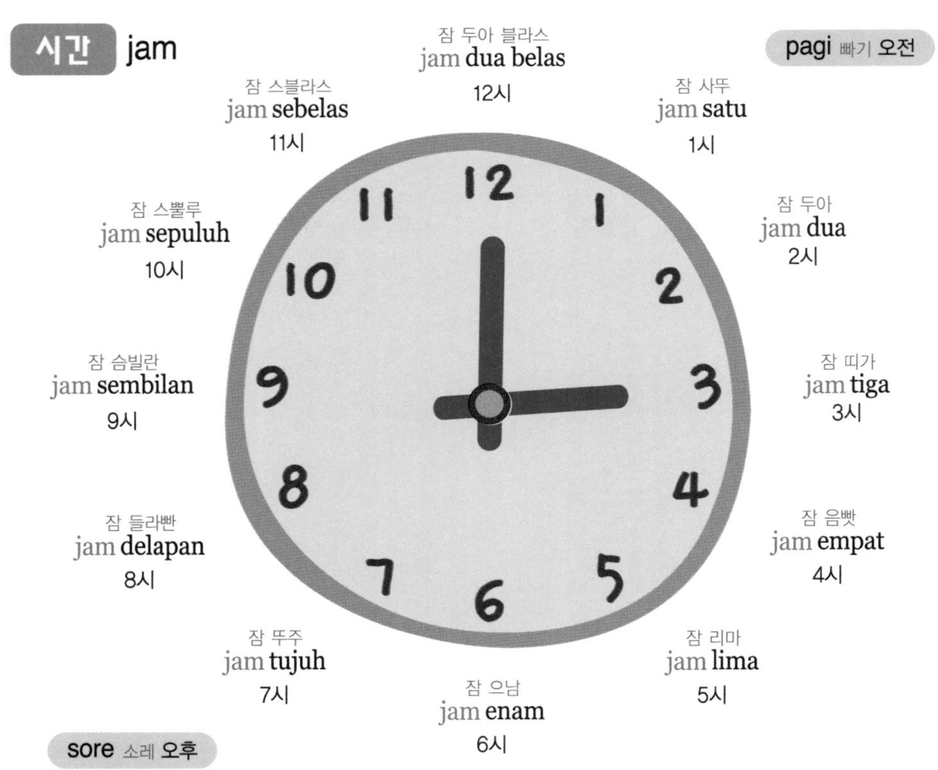
pagi 빠기 오전
잠 두아 블라스
jam dua belas
12시
잠 스블라스
jam sebelas
11시
잠 사뚜
jam satu
1시
잠 스뿔루
jam sepuluh
10시
잠 두아
jam dua
2시
잠 슴빌란
jam sembilan
9시
잠 띠가
jam tiga
3시
잠 들라빤
jam delapan
8시
잠 음빳
jam empat
4시
잠 뚜주
jam tujuh
7시
잠 리마
jam lima
5시
잠 으남
jam enam
6시
sore 소레 오후

비교 시간을 물을 때 Jam + berapa?로 물으면 **몇 시입니까?**란 표현이며, Berapa + jam으로 물으면 **몇 시간입니까?** 란 표현으로 의미가 전혀 다르므로 주의해야 한다.

예 **Jam berapa?** 몇 시 입니까?
잠 브라빠

→ **Jam 5.** 5시 입니다.
잠 리마

예 **Berapa jam perjalanan dari Jakarta ke Bandung?**
브라빠 잠 뻐르잘라난 다리 자까르따 끄 반둥
자카르타에서 반둥까지 몇 시간 걸립니까?

→ **2 jam.** 두 시간 걸립니다.
두아 잠

시간을 나타낼 때 뉴스나 브로셔 등 에서는 pukul 뿌꿀 일상생활에서는 jam 잠 을 사용하며, ~시 라는 뜻이다. 

Kalau Bapak? 선생님은요?

kalau 깔라우 는 ~라면, Bapak 바빡 은 (남성)선생님 이란 뜻이다.
인도네시아에서 **선생님은요?** 라고 상대방에게 물을 때 Kalau Bapak? 남성, Kalau Ibu? 여성 라고 한다. **당신은요?** 라고 물을 때는 Kalau Anda? 라고 한다.

pulangnya, kegiatannya 구어체 -nya

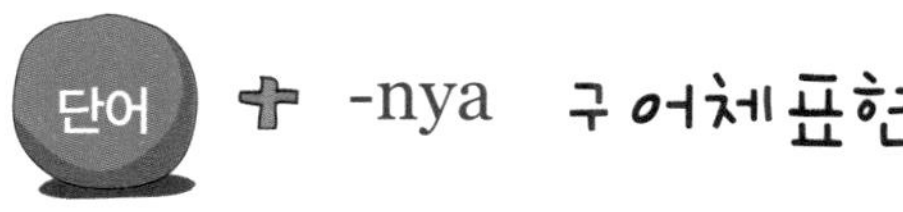

대화할 때 많이 사용하는 구어체 표현으로, 단어뒤에 -nya를 붙여서 사용한다.
-nya는 구어체표현으로 강조의 기능이 있다. 문장을 자연스럽게 연결해주는 역할을 한다.

하르가냐 브라빠
예 Harganya berapa? 가격이 얼마에요?
가격 얼마

* **harganya** 하르가냐 가격

harga + nya : nya는 대화의 앞에 나온 물건을 강조한다. 

Kalau pulang, apa kegiatan Anda? 깔라우 뿔랑 아빠 끄기앗딴 안다 직역하면 귀가하면, 보통 무슨 활동을 합니까?인데, 인도네시아에서 통상 귀가하면 보통 무엇을 합니까? 란 의미로 쓰인다.

atau 영어의 or

atau 아따우 는 ~하거나 ~하다란 뜻으로 영어의 or에 해당한다.

아꾸 비아사냐 논똔 띠비 아따우 믐바짜 부꾸 스띠압 말람
예 Aku biasanya nonton TV atau membaca buku setiap malam.
나는 매일 저녁 보통 TV를 보거나 책을 읽는다.

* **biasanya** 비아사냐 보통, 대개
setiap malam 스띠압 말람 매일 밤

아꾸 비아사냐 뻐르기 논똔 필름 아따우 뻐르기 블란자 아키르 밍구
Aku biasanya pergi nonton film atau pergi belanja akhir minggu.
나는 주말에 보통 영화를 보러 가거나 쇼핑하러 간다.

* **pergi** 뻐르기 가다
bioskop 비오스꼽 영화관
belanja 블란자 쇼핑하다, 장보다
akhir minggu 아키르 밍구 주말

*Ngapain? 뭐 해?

구어체에서는 Biasanya kalau pulang kerja, ngapain? 비아사냐 깔라우 뿔랑 꺼르자, 응아빠인 이라고 하며 ngapain?은 뭐 해?라는 뜻이다.
주로 젊은이들이 친한 친구끼리 쓰는 말로 인도네시아인 어른에게 인사를 할 때 lagi ngapain 라기 응아빠인? 지금 뭐해?라고 말하면, kok, kamu pikir saya teman kamu? 꼭, 까무 삐끼르 사야 뜨만 까무 내가 너 친구냐? 라고 혼날수도 있으니 주의해서 사용해야 한다.
lagi ngapain?의 lagi라기 가 다시라는 뜻인데 지금~하는 중이다 라는 의미로도 쓰인다.
kok, kamu pikir saya teman kamu?의 kok은 의외, 놀람을 나타내는 표현으로 우리말 어?, 어라?와 비슷한 느낌이다.
pikir삐끼르 는 생각하다, teman 뜨만 은 친구 란 뜻으로, 어라? 너는 내가 너 친구로 생각하냐? , 내가 너 친구냐? 란 의미이다.

기본 동사

영어의 일반동사에 해당하는 동사에 대해 알아보자. 이미 앞과에서 **adalah ~이다 =영어의 be 동사**에 대해 학습하였는데, 여기에서는 **~하다** 라는 뜻의 동작이나 행위를 나타내는 기본 동사들에 대해 학습하기로 한다.

버르비짜라
berbicara 말하다

버르바하사
berbahasa 언어를 말하다
버르바하사 잉그리스
berbahasa Inggris 영어를 말하다

믄등아르
mendengar 듣다

믄등아르 라디오
mendengar radio 라디오를 듣다

빠르기
pergi 가다

빠르기 끄 자까르따
pergi ke Jakarta 자카르타로 가다

다땅
datang 오다

다땅 끄 인도네시아
datang ke Indonesia 인도네시아로 오다

(므)논똔
(me)nonton 보다

논똔 띠비
(me)nonton TV TV를 보다

마깐
makan 먹다

마깐 나시
makan nasi 밥을 먹다

띠두르
tidur 자다

띠두르 시앙
tidur siang 잠 자다

방운
bangun 일어나다

방운 빠기-빠기
bangun pagi-pagi 일찍 일어나다

므눌리스
menulis 쓰다

므눌리스 떼시스
menulis tesis (석사)논문을 쓰다

믐바짜
membaca 읽다

믐바짜부꾸
membaca buku 책을 읽다

두둑
duduk 앉다

두둑 디 아따스 꾸르시
duduk di atas kursi 의자에 앉다

버르디리
berdiri 서다

버르디리 디암
berdiri diam 가만히 서다

인도네시아에서 통하는 회화따라하기

하루의 시간

1 Jam berapa sekarang? — 지금 몇 시입니까?
잠 브라빠 스까랑

···› Jam sembilan lima menit. — 9시 5분입니다.
잠 슴빌란 리마 므닛

···› Jam sembilan dua puluh menit. — 9시 20분입니다.
잠 슴빌란 두아 뿔루 므닛

···› Jam setengah delapan pagi. — 아침 7시 30분입니다.
잠 스뜽아 들라빤 빠기

···› Jam delapan malam. — 저녁 8시입니다.
잠 들라빤 말람

2 Jam berapa berangkatnya? — 몇 시에 출발합니까?
잠 브라빠 버랑깟냐

Jam berapa tibanya? — 몇 시에 도착합니까?
잠 브라빠 띠바냐

* berangkat 버랑깟 출발하다
berangkat + −nya 

* tibanya 띠바냐 도착하다
원형은 tiba이며, 도착하다는 의미이다. 
tiba + −nya.

Jam berapa mulai kelas? — 수업은 몇 시에 시작합니까?
잠 브라빠 물라이 끌라스

Jam berapa selesai kelas? — 수업은 몇 시에 끝납니까?
잠 브라빠 슬르사이 끌라스

* kelas 끌라스 수업
mulai 물라이 시작하다
selesai 슬르사이 끝나다

숫자읽기

0 nol/ kosong 놀/ 꼬송

1 satu 사뚜

2 dua 두아

3 tiga 띠가

4 empat 음빳

5 lima 리마

6 enam 으남

7 tujuh 뚜주

8 delapan 들라빤

9 sembilan 슴빌란

10 sepuluh 스쁠루

11 sebelas 스블라스

11~19까지는 일의 자리 숫자 1~ 9까지 숫자 뒤에 10의 를 의미하는 belas 블라스를 붙여서 표현한다.

12 dua belas 두아 블라스

13 tiga belas 띠가 블라스

14 empat belas 음빳 블라스

15 lima belas 리마 블라스

16 enam belas 으남 블라스

17 tujuh belas 뚜주 블라스

18 delapan belas 들라빤 블라스

19 sembilan belas 슴빌란 블라스

20 dua puluh 두아 뿔루

10단위는 puluh 뿔루

21 dua puluh satu 두아 뿔루 사뚜

30 tiga puluh 띠가 뿔루

40 empat puluh 음빳 뿔루

50 lima puluh 리마 뿔루

80 delapan puluh 들라빤 뿔루

99 sembilan puluh sembilan 슴빌란 뿔루 슴빌란

100 seratus 스라뚜스

200 dua ratus 두아 라뚜스

100단위는 ratus 라뚜스

201 dua ratus satu 두아 라뚜스 사뚜

374 tiga ratus tujuh puluh empat 띠가 라뚜스 뚜주 뿔루 음빳

1.000 seribu 스리부

10.000 sepuluh ribu 스뿔루 리부

만단위 이상부터 천단위 앞에 십, 백, 천 단위를 써서 표현한다. 예) 10 X 1.000 = 10.000

100.000 seratus ribu 스라뚜스 리부

백만 sejuta 스주따 / satu juta 사뚜 주따

천만 sepuluh juta 스뿔루 주따

억 seratus juta 스라뚜스 주따

인도네시아에서는 천 단위에. 로 표시하지 않고, 을 사용한다 

잘 듣고 따라해 보세요~

주의 10 · 100 · 1.000

특히 10 · 100 · 1,000은 1을 나타내는 satu 대신, se 스 를 puluh 뿔루, ratus 라뚜스, ribu 리부 앞에 붙여 sepuluh 스뿔루, seratus 스라뚜스, seribu 스리부 라고 표현하는 것에 주의하자!

주의 20 ~ 90

20	dua 2				dua puluh
30	tiga 3	+	puluh 10	=	tiga puluh
	~				~
90	sembilan 9				sembilan puluh

20~90까지는 십의 자리 숫자 2~ 9까지 숫자에 10단위인 puluh 뿔루를 붙여서 표현하며, 백단위와 천단위도 마찬가지 방법으로 표현한다.

열대과일

두리안 durian

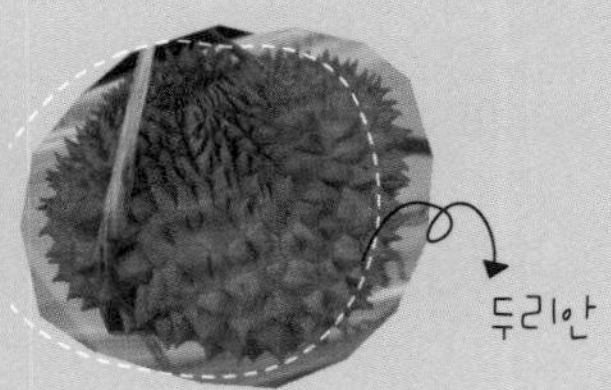

과일의 왕이라고 불리는 두리안은 냄새가 마치 화장실에서 나는 냄새와 비슷하여 공항, 호텔 등과 같은 공공장소로 반입이 금지되어 있다. 두리안을 잘라보면 과육의 색깔은 상아색이며 과육의 질감은 크림처럼 부드럽고 맛은 아주 달콤하다. 인도네시아인은 두리안을 아주 좋아해 심지어 두리안 크림을 바른 비스킷이 있을 정도다.

람부딴 rambutan

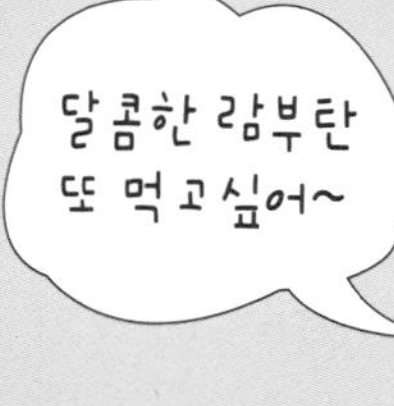

람부탄 과육의 색은 리찌와 같이 흰색이며, 맛도 비슷하다. 람부탄은 손으로 살짝 가운데를 뜯어서 껍질을 벗겨내면 흰 과육이 나오며 맛은 달달하다. 특히, 람부탄을 시원한 곳에 보관해 놓고 후식으로 먹으면 좋다.

동남아시아에서 흔히 볼 수 있는 과일 중에 하나는 바로 망고이다. 망고의 노란색 과육은 보기만 해도 먹고 싶어질 정도로 색이 이쁘고, 당도가 높아 아주 맛있다.

우리나라에서는 주로 고급 한식집에 가면 배를 후식으로 제공하듯이, 인도네시아의 고급 레스토랑에서는 망고를 후식으로 제공한다.

망가(망고) mangga

나 망고 먹는 여자야~

저걸 그냥!!

하리 이니 땅갈 브라빠
Hari ini tanggal berapa?
오늘은 며칠입니까?

빠짜르 사야 아깐 스그라 다땅 끄 인도네시아 다리 꼬레아
Santi: Pacar saya akan segera datang ke Indonesia dari Korea.

아다 아빠 부 산띠 이부 끌리하딴 스낭 스깔리
Minsu: Ada apa Bu Santi? Ibu kelihatan senang sekali.

하리 이니 하리 울랑 따훈 사야
Hari ini hari ulang tahun saya.

오, 야? 슬라맛 울랑 따훈
Oh, ya? Selamat ulang tahun!

뜨리마 까시. 자디, 사야 아깐 아다깐 뻬스따 하리 줌앗
Terima kasih. Jadi, saya akan adakan pesta hari Jumat.
비사까 안다 다땅 끄 뻬스따 사야
Bisakah Anda datang ke pesta saya?

뜬뚜 사자. 따삐, 하리 줌앗 이뚜 땅갈 브라빠
Tentu saja. Tapi, hari Jumat itu tanggal berapa?

땅갈 리마 아구스뚜스
Tanggal 5 Agustus.

오께. 뜨리마 까시 아따스 운당안냐
Ok. Terima kasih atas undangannya.

산띠	제 남자친구가 한국에서 곧 인도네시아로 올 겁니다.
민수	무슨 일인데요, 산띠씨? 매우 기뻐보이는군요.
산띠	오늘이 제 생일입니다.
민수	오, 그래요? 생일 축하합니다!
산띠	고맙습니다. 그래서 저는 금요일에 파티를 열려고 합니다. 제 파티에 오실 수 있습니까?
민수	물론이지요. 그런데, 금요일이 며칠입니까?
산띠	8월 5일 입니다.
민수	알겠습니다. 초대해 주셔서 감사합니다.

단어

- □ **pacar** 빠짜르 — 애인
- □ **yang** 양 — ~한 것, ~한 사람
- □ **ada** 아다 — 있다
- □ **akan** 아깐 — ~할 것이다. 영어의 will
- □ **segera** 스그라 — 곧
- □ **kelihatan** 끌리하딴 — ~처럼 보이다
- □ **datang** 다땅 — 오다
- □ **hari ini** 하리 이니 — 오늘
- □ **hari ulang tahun** 하리 울랑 따훈 — 생일
- □ **oh, ya?** 오, 야? — 오, 그래요?
- □ **jadi** 자디 — 그래서, 영어의 so
- □ **adakan** 아다깐 — 열다
- □ **pesta** 뻬스따 — 파티
  pesta ulang tahun 뻬스따 울랑 따훈 생일파티
- □ **hari Jumat** 하리 줌앗 — 금요일
- □ **bisakah** 비사까 — ~할 수 있습니까?
  영어의 can에 해당하는 조동사
- □ **tentu saja** 뜬뚜 사자 — 물론입니다
- □ **tanggal** 땅갈 — 일日
- □ **bulan** 불란 — 달, 월月
  bulan Agustus 불란 아구스뚜스 8월
- □ **ok** 오께 — 영어의 ok
- □ **atas** 아따스 — ~에 대해, ~위에
- □ **undangan** 운당안 — 초대

아주 쉬운 해설

tanggal~, bulan~, tahun ~일, ~월, ~년

인도네시아어는 날짜를 말할 때 우리나라와 반대로 말한다.

땅갈 / 따훈

tanggal + 숫자 , + 월 , tahun + 숫자

~일 ~월 ~년

예
땅갈 음빳블라스 페브루아리 따훈 두아 리부 띠가 블라스
tanggal 14 + Februari + tahun 2013
2013년 2월 14일

* empat belas 음빳 블라스 14

날짜와 월을 물어보는 표현은 다음과 같다.

예
하리 이니 땅갈 브라빠
Hari ini tanggal berapa? 오늘은 며칠입니까?

하리 이니 땅갈 두아
…› Hari ini tanggal 2. 오늘은 2일입니다.

불란 아빠
Bulan apa? 몇 월입니까?

불란 페브루아리
…› bulan Februari 2월

따훈 브라빠
Tahun berapa? 몇 년입니까?

두아 리부 띠가 블라스
…› dua ribu tiga belas 2013년

따훈 두아 리부 음빳 블라스
…› tahun dua ribu empat belas 2014년

따훈 두아 리부 리마 블라스
…› tahun dua ribu lima belas 2015년

며칠, 몇년은 berapa를 사용하지만, 몇월은 apa를 사용한다. 

인도네시아어	뜻	인도네시아어	뜻
hari ini 하리 이니	오늘	tahun ini 따훈 이니	올해
besok 베속	내일		
lusa 루사	모레	tahun yang lalu 따훈 양 랄루	작년
kemarin 끄마린	어제		
kemarin lusa 끄마린 루사	그저께	tahun depan 따훈 드빤	내년

*인도네시아 사람들은 내일과 내일 모레, 가까운 미래 모두 besok 베속이라고 흔히 표현한다. 
(특별히 분명히 해둘 필요가 있으면 이틀 후, 사흘 후 라는 표현을 쓴다.

*kemarin 끄마린 어제 하루만 뜻하는 것이 아니라 엊그제, 지난주 , 지난달을 다 칭할 수 있다.

요일을 말할 때는 일日 을 뜻하는 hari 뒤에 해당하는 요일명을 써서 말한다.

요일	일요일	월요일	화요일	수요일
인도네시아어	hari Minggu 하리 밍구	hari Senin 하리 스닌	hari Selasa 하리 슬라사	hari Rabu 하리 라부
	목요일	금요일	토요일	무슨 요일
	hari Kamis 하리 까미스	hari Jumat 하리 줌앗	hari Sabtu 하리 삽뚜	hari apa 하리 아빠

요일은 다음과 같이 묻는다. 며칠, 몇년은 berapa를 사용하지만, 몇월은 apa를 사용한다.

예) 하리 이니 하리 아빠
Hari ini hari apa? 오늘은 무슨 요일입니까?

akan ~할 것이다

아깐
akan + 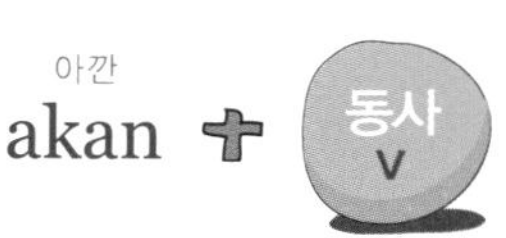

~할 것이다

미래에 일어날 일을 표현할 때는 영어의 will에 해당하는 akan 아깐 을 쓴다.

06

Pacar saya akan segera datang

저의 애인이 곧 올것이다

ke Indonesia dari Korea.

인도네시아로 한국에서

❶ akan datang은 영어의 will come으로 문장 전체의 동사이다.
akan아깐 은 영어의 will로 ~할 것이다, segera스그라 는 곧, 빨리, datang다땅 은 오다 란 뜻이다.

사야 아깐 뿔랑 불란 드빤

예 Saya akan pulang bulan depan. 저는 다음 달에 귀국할겁니다.

* pulang 뿔랑 귀국하다
bulan depan 블란 드빤 다음 달

빡 유수프 아깐 뻐르기 끄 싱가뿌라 운뚝 꺼르자

Pak Yusuf akan pergi ke Singapura untuk kerja.
유수프씨는 일하러 싱가폴에 갈 것입니다.

* untuk 운뚝 ~하러, ~을 위해

부정할 때는, akan 아깐 앞에 tidak 띠닥 을 붙인다.

띠닥 아깐

tidak akan + 동사 V ~하지 않을 것이다

빡 유수프 띠닥 아깐 뻐르기 끄 싱가뿌라 운뚝 꺼르자

예 Pak Yusuf tidak akan pergi ke Singapura untuk kerja.
유수프씨는 일하러 싱가폴에 가지 않을 것입니다.

❷ akan아깐 뒤에 segera 스그라 를 써 곧~할 것이다라고 표현하며, 영어의 be about to에 해당한다.

아깐 스그라
akan segera + 

곧 ~할 것이다

디아 아깐 스그라 버랑깟
예 Dia akan segera berangkat. 그는 곧 출발할 것이다.

또꼬 부꾸 이니 아깐 스그라 디부까
Toko buku ini akan segera dibuka. 이 서점은 곧 열것이다.

* toko buku 또꼬 부꾸 서점

dibuka디부까 는 ~열리다란 뜻.
동사원형 buka 부까 열다 앞에 di를 붙여 수동태를 나타낸다. 

3. kelihatan ~처럼 보이다, ~해 보이다

끌리하딴
kelihatan + 

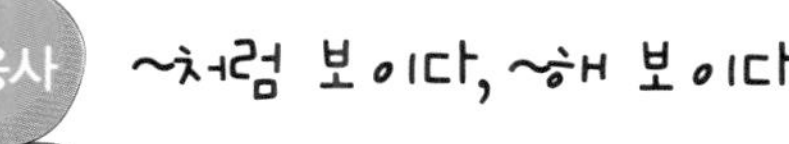

kelihatan 끌리하딴 은 ~처럼 보이다 란 뜻으로 영어의 It looks like~에 해당한다.

까무 끌리하딴 짜뻬
 Kamu kelihatan capai. 너 피곤해 보인다.

4. bisakah ~할 수 있습니까?

bisa 비사 는 조동사로 ~할 수 있다란 뜻으로 영어의 can에 해당한다. 의문문을 만들 때는 bisa를 문장 앞에 놓아 ~할 수 있습니까? 라고 표현한다.

의문사 뒤에 -kah를 붙여 표현할 수 있는데,
이 때 -kah는 격식을 차려 질문할 때 쓴다. 

긍정

비사
○ **Bisa.** 할 수 있습니다.

부정

띠닥 비사
× **Tidak bisa.** 할 수 없습니다.

비사까 안다 믐반뚜 사야
예 Bisakah Anda membantu saya? 당신은 저를 도와줄 수 있습니까?

아빠까 부 유꼬 비사 버르바하사 인도네시아
Apakah Bu Yuko bisa berbahasa Indonesia?
유코씨는 인도네시아 말을 할 수 있습니까?

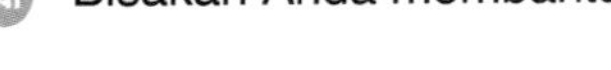

5. Terima kasih atas ~ ~에 대해 감사하다

Terima kasih 뜨리마 까시 는 영어의 Thank you.에 해당한다. atas는 원래 ~위에, ~에 대해라는 뜻으로 ~에 대해 감사하다 라고 말할 때는 atas 뒤에 명사형 단어를 넣어서 표현한다.

뜨리마 까시 아따스 운당안냐
예 Terima kasih atas undangannya. 초대해주셔서 고맙습니다.

* undangan 운당안 초대

원래 초대란 단어는 undangan인데, 특별한 초대를 나타내는 -nya를 붙여
문장을 자연스럽게 표현했다. 

주의 bantuan 반뚜안 은 동사bantu 반뚜 **도와주다** 란 단어뒤에 **-an**이 붙어서 명사형으로 변한 것으로 도움이란 의미이다.
이와 같이 인도네시아어는 단어의 원형 앞이나 뒤에 접사가 붙어 명사형, 수동형 등으로 단어의 쓰임새와 의미가 변한다.

예 뜨리마 까시 아따스 반뚜안 안다
Terima kasih atas bantuan Anda. 도움주셔서 고맙습니다.

* **bantuan** 반뚜안 **도움**

뜨리마 까시 아따스 빠르하띠안 안다
Terima kasih atas perhatian Anda. 관심가져주셔서 고맙습니다.

* **perhatian** 빠르하띠안 **관심**

* Ma kasih. 고마워.

줄여 말하기를 좋아하는 인도네시아인들은 친한 친구들끼리 고맙다고 말할 때 Terima kasih.를 줄여 Ma kasih. 마 까시 **고마워.** 라고도 한다.

요일 묻고 답하기

Hari ini hari apa?
하리 이니 하리 아빠
오늘은 무슨 요일입니까?

Hari ini hari Minggu.
하리 이니 하리 밍구
오늘은 일요일입니다.

···› Hari ini 하리 이니	hari Minggu 하리 밍구	.	오늘은	일요일	입니다.
	hari Senin 하리 스닌			월요일	
	hari Selasa 하리 슬라사			화요일	
	hari Rabu 하리 라부			수요일	
	hari Kamis 하리 까미스			목요일	
	hari Jumat 하리 줌앗			금요일	
	hari Sabtu 하리 삽뚜			토요일	

잘 듣고 따라해 보세요~

Track 22

날짜 묻고 답하기

1 Hari ini bulan apa? 오늘은 몇 월입니까?
하리 이니 불란 아빠

월 ▸ Hari ini ______________. 오늘은 ________(월)입니다.

1월 (bulan) Januari (불란) 자누아리	2월 (bulan)Februari (불란) 페브루아리	3월 (bulan) Maret (불란) 마릇	4월 (bulan) April (불란) 아쁘릴	5월 (bulan) Mei (불란) 메이	6월 (bulan) Juni 불란 주니
7월 (bulan) Juli (불란) 줄리	8월 (bulan) Agustus (불란) 아구스투스	9월 (bulan) September (불란) 셉뗌버르	10월 (bulan)Oktober (불란) 옥또버르	11월 (bulan) November (불란) 노벰버르	12월 (bulan) Desember (불란) 데셈버르

2 Hari ini tanggal dan bulan apa? 오늘은 몇 월 며칠입니까?
하리 이니 땅갈 단 불란 아빠

* dan 단 그리고

····▸ Hari ini tanggal 15 (bulan) Desember tahun 2009.
하리 이니 땅갈 리마블라스 (불란) 데셈버르 따훈 두아 리부 슴빌란
오늘은 2009년 12월 15일 입니다.

····▸ Hari ini tanggal 3 (bulan) Januari tahun 2010. 오늘은 2010년 1월 3일입니다.
하리 이니 땅갈 띠가 (불란) 자누아리 따훈 두아 리부 스뿔루

····▸ Hari ini tanggal 10 (bulan) Maret tahun 2011. 오늘은 2011년 3월 10일입니다.
하리 이니 땅갈 스뿔루 (불란) 마릇 따훈 두아 리부 스블라스

* 일/ 월/ 년 순으로 쓴다. 문어체나 일반 문서에서 일인 tanggal을 tgl.로 줄여서 표기한다.
예) tgl. 15 Juli, 2013 : 2013년 7월 15일

Pelajaran 07

아빠 안다 수다 므니까?

Apa Anda sudah menikah?

당신은 결혼하셨습니까?

Tuti

빠르미시, 빡. 아빠 바빡 수다 므니까

Permisi, Pak. Apa Bapak sudah menikah?

Hadi

야. 사야 수다 므니까. 깔라우 부 뚜띠

Ya. Saya sudah menikah. Kalau Bu Tuti?

사야 블룸 므니까. 사야 마시 싱글

Saya belum menikah. Saya masih single.

아빠까 부 뚜띠 수다 몸뿌냐이 빠짜르 스까랑

Apakah Bu Tuti sudah mempunyai pacar sekarang?

블룸 아다. 바빡 뿌냐 브라빠 아낙

Belum ada. Bapak punya berapa anak?

사야 믐뿌냐이 두아 아낙. 사뚜 아낙 라끼 라끼,

Saya mempunyai 2 anak. 1 anak laki-laki,

사뚜 아낙 쁘름뿌안

1 anak perempuan.

브라빠 우무르 냐 아낙 쁘름뿌안 바빡

Berapa umur nya anak perempuan Bapak?

두아 따훈

2 tahun.

Track 24

뚜띠 　선생님, 실례지만, 결혼하셨습니까?

하디 　네. 저는 (이미) 결혼했습니다. 뚜띠씨는요?

뚜띠 　저는 미혼입니다. 아직 싱글입니다.

하디 　뚜띠씨는 지금 애인이 있습니까?

뚜띠 　아직 없습니다. 선생님 아이는 몇 명입니까?

하디 　저는 아이 2명이 있습니다. 아들 1명, 딸 1명 입니다.

뚜띠 　선생님의 딸은 몇 살입니까?

하디 　2살입니다.

단어

Track 23

- □ **sudah** 수다 　이미 ~한 과거형
- □ **menikah** 므니까 　결혼하다
- □ **kalau** 깔라우 　만약 ~라면 영어의 if
- □ **belum** 블룸 　아직 ~하지 않은
- □ **masih** 마시 　아직, 여전히
- □ **single** 싱글 　싱글
- □ **apakah** 아빠까 　무엇
  의문사 apa 뒤에 kah를 붙여 격식을 차려 질문할 때 쓴다
- □ **mempunyai** 믐뿌냐이 　소유하다, 가지다
- □ **pacar** 빠짜르 　애인
- □ **sekarang** 스까랑 　지금
- □ **ada** 아다 　있다
- □ **orang** 오랑 　사람
  orang tua 오랑 뚜아 부모님
- □ **anak** 아낙 　아이
- □ **perempuan** 쁘름뿌안 　여성, 여자
  anak perempuan 아낙 쁘름뿌안 딸
- □ **umur** 우무르 　나이
  umurnya berapa? 우무르냐 브라빠 몇 살입니까?
- □ **tahun** 따훈 　해, 년(年)

07

아주 쉬운 해설

sudah 과거형 이미 ~한

sudah 수다 는 이미 ~한 이란 뜻으로 과거형을 나타낸다. 인도네시아어는 영어와 달리 동사에 시제 변화가 없다. 대신에 과거형을 나타내는 sudah 수다 이미 ~한, 현재진행형을 나타내는 sedang 스당 ~하고 있는, 미래를 나타내는 akan 아깐 ~할 것이다 를 동사 앞에 써서 시제를 나타낸다.

시제

1. 과거형

까무 수다 마깐
예 A: Kamu sudah makan? 밥 먹었니?

아꾸 수다 마깐
B: Aku sudah makan. (이미) 밥 먹었어.

* makan 마깐 먹다

2. 현재진행형 주어 S + 스당 sedang + 동사 V ~하고 있는

아꾸 스당 뚤리스 라뽀란
예 Aku sedang tulis laporan. 지금 보고서 쓰고 있어.

* tulis 뚤리스 쓰다, laporan 라뽀란 보고서

3. 미래형 주어 S + 아깐 akan + 동사 V ~할 것이다

사야 아깐 다땅 라기
예 Saya akan datang lagi. 저는 다시 올 것입니다.

빡 안또 아깐 믄즐라스깐 뜬땅 수랏 뻐르잔지안
Pak Anto akan menjelaskan tentang surat perjanjian.
안또씨는 계약서에 대해 설명할 것이다.

* menjelaskan 먼즐라스깐 설명하다, tentang 뜬땅 ~에 대해서
surat perjanjian 수랏 빠르잔지안 계약서

masih 아직, 여전히

masih 마시 **아직, 여전히**는 동사, 명사, 형용사 앞에 위치해 어떤 상태나 행동이 아직 끝나지 않고, 계속되는 것을 나타내는 **부사**이다.

▶ 명사 앞에 위치

사야 마시 싱글
Saya masih single. 저는 여전히 싱글입니다.

▶ 동사 앞에 위치

밤이 늦었지만, 그는 여전히 열심히 공부를 한다.
왈라우뿐 수다 뜽아 말람 디아 마시 블라자르 끄라스
Walaupun sudah tengah malam, dia masih belajar keras.

* walaupun 왈라우뿐 ~일지라도, ~에도 불구하고
tengah 뜽아 가운데, 중에, belajar 블라자르 공부하다
keras 끄라스 열심히

▶ 형용사 앞에 위치

나는 이미 많이 먹었는데도, 아직도 배가 고프다.
왈라우뿐 사야 수다 바냑 마깐, 사야 마시 라빠르
Walaupun saya sudah banyak makan, saya masih lapar.

* banyak 바냑 많이
lapar 라빠르 배고픈

mempunyai ~이 있다

mempunyai 믐뿌냐이 는 **가지다, 소유하다** 는 뜻인데, 소유하다란 의미로 **~이 있다** 라고 편하게 해석하면 된다.

질문할 때는 문장 앞에 Apa(kah)를 붙여 Apa(kah) ~ mempunyai~?~이 있습니까?라고 묻는다

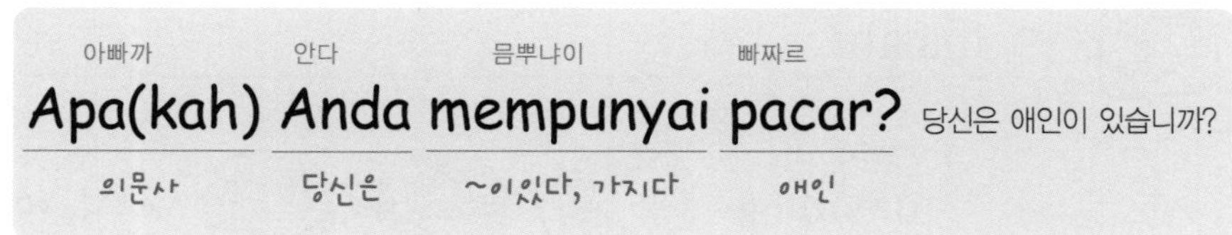

아빠까 안다 믐뿌냐이 빠짜르
Apa(kah) Anda mempunyai pacar? 당신은 애인이 있습니까?
의문사 당신은 ~이 있다, 가지다 애인

대답 긍정 ○

야, 사야 믐뿌냐이 빠짜르
Ya, saya mempunyai pacar. 네, 저는 애인이 있습니다.

부정 ✕

띠닥, 사야 블룸 믐뿌냐이 빠짜르
Tidak, saya belum mempunyai pacar.
아니요, 저는 아직 애인이 없습니다.

블룸 아다
Belum ada. 아직 없습니다.

구어체에서는 mempunyai 믐뿌냐이 의 기본형 punya 뿐아 를 쓴다.

믐뿌냐이 뿌냐
mempunyai = punya
격식체 비격식체

예

뿌냐 빠짜르 punya pacar?	애인 있어?
뿌냐 모또르 punya motor?	차(자가용) 있어?
뿌냐 루마 punya rumah?	집 있어?
뿌냐 우앙 punya uang?	돈 있어?
아빠까 디아 믐뿌냐이 모빌 Apakah dia mempunyai mobil?	그는 차가 있습니까?
아꾸 뿌냐 꼼뿌떠르 Aku punya komputer.	나는 컴퓨터가 있습니다.
사야 띠닥 믐뿌냐이 바냑 우앙 Saya tidak mempunyai banyak uang.	저는 돈이 얼마 없습니다.

* uang 우앙 돈, banyak 바냑 많은

Berapa 몇, 얼마

숫자 + orang(오랑) ~명

사람을 세는 법은 다음과 같다.

예 1 orang(사뚜 오랑) 1명　2 orang(두아 오랑) 2명

10 orang(스뿔루 오랑) 10명

수량사

수량사		뜻	수량사		뜻
~ orang	오랑	~명 사람을 셀 때	~ dolar	돌라르	~달러 미국 화폐
~ ekor	에꼬르	~마리 동물을 셀 때	~ meter	메떠르	~미터
~ kali	깔리	~번, ~회 횟수를 말할 때	~ kilometer	낄로메떠르	킬로미터
~ Rupiah	루삐아	~루피아 인도네시아 화폐	~ kilogram	낄로그람	킬로그램

▶ 사람을 셀 때

교실에 20명이 있다.
아다 두아 뿔루 오랑 디 루왕 끌라스
Ada 20 orang di ruang kelas.

사무실에 10명의 직원이 있다.
아다 스뿔루 까랴완 디 깐또르
Ada 10 karyawan di kantor.

* kantor 깐또르 사무실
karyawan 까랴완 (사무실) 직장인

▶ 동물을 셀 때

염소 두 마리
두아 에꼬르 깜빙
2 ekor kambing

▶ 횟수를 말할 때

	사뚜 깔리		두아 깔리
한 번	1 kali	두 번	2 kali

▶ 미터

	두아 라뚜스 메떠르
200 미터	200 meter

▶ 인도네시아 화폐

	띠가 리부 리마 라뚜스 루삐아
3,500 루피아	3.500 rupiah

천단위 이상부터 · 을 찍는것에 주의!

▶ 킬로미터

	띠가 뿔루 낄로메떠르
30 킬로미터	30 kilometer

▶ 미국 화폐

	스라뚜스 돌라르
100 달러	100 dolar

▶ 킬로그램

	리마 뿔루 낄로그람
50 킬로그램	50 kilogram

5. -nya 특정한 사람, 사물

-nya 냐 는 특정한 사람이나, 사물을 가리킨다.

berapa + umurnya ~? 나이가 몇 살입니까?

브라빠 우무르냐

예

브라빠 우무르냐 이스뜨리 바빡
Berapa umurnya istri Bapak? 선생님의 아내는 몇 살입니까?

브라빠 우무르냐 빠짜르 까무
Berapa umurnya pacar kamu? 너의 애인은 몇 살이니?

인도네시아에서 통하는 회화따라하기

여러가지 호칭

가족 ▸ Keluarga
끌루아르가

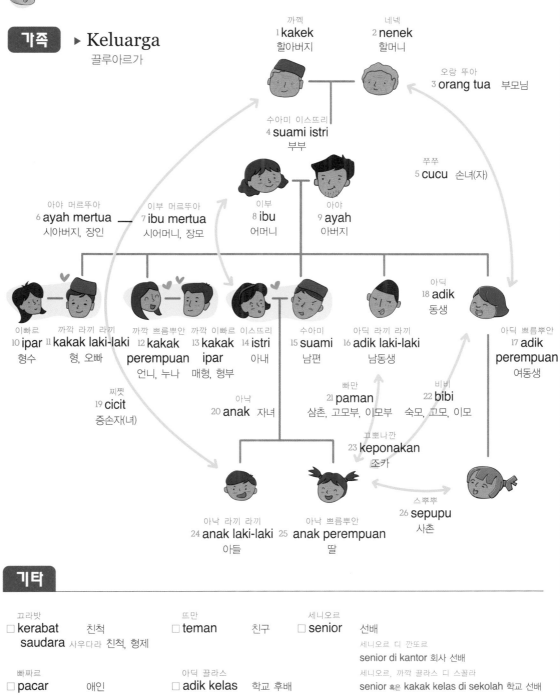

까껙 1 kakek 할아버지
네넥 2 nenek 할머니
오랑 뚜아 3 orang tua 부모님
수아미 이스뜨리 4 suami istri 부부
쭈쭈 5 cucu 손녀(자)
아야 머르뚜아 6 ayah mertua 시아버지, 장인
이부 머르뚜아 7 ibu mertua 시어머니, 장모
이부 8 ibu 어머니
아야 9 ayah 아버지
이빠르 10 ipar 형수
까깍 라끼 라끼 11 kakak laki-laki 형, 오빠
까깍 쁘름뿌안 12 kakak perempuan 언니, 누나
까깍 이빠르 13 kakak ipar 매형, 형부
이스뜨리 14 istri 아내
수아미 15 suami 남편
아딕 라끼 라끼 16 adik laki-laki 남동생
아딕 쁘름뿌안 17 adik perempuan 여동생
아딕 18 adik 동생
찌찟 19 cicit 증손자(녀)
아낙 20 anak 자녀
빠만 21 paman 삼촌, 고모부, 이모부
비비 22 bibi 숙모, 고모, 이모
끄뽀나깐 23 keponakan 조카
아낙 라끼 라끼 24 anak laki-laki 아들
아낙 쁘름뿌안 25 anak perempuan 딸
스뿌뿌 26 sepupu 사촌

기타

□ kerabat (끄라밧) 친척
saudara (사우다라) 친척, 형제

□ teman (뜨만) 친구

□ senior (세니오르) 선배
senior di kantor (세니오르 디 깐또르) 회사 선배
senior 혹은 kakak kelas di sekolah (세니오르, 까깍 끌라스 디 스꼴라) 학교 선배

□ pacar (빠짜르) 애인

□ adik kelas (아딕 끌라스) 학교 후배

잘 듣고 따라해 보세요~

사람세기

Ada berapa orang semuanya? 모두 몇 명 있습니까?
아다 브라빠 오랑 스무아냐

→ Ada 2 orang. 2명 있습니다.
아다 두아 오랑

3 3명 〃
띠가

4 4명 〃
음빳

→ Tidak ada. 없습니다.
띠닥 아다

나이묻기

P96 숫자 읽기 참조 

Berapa umur ibunya?
브라빠 우무르 이부냐
어머니는 몇 살입니까?

53 tahun.
리마 뿔루 띠가 따훈
53살 입니다.

Berapa umur anak laki-lakinya? (그 사람의) 아들은 몇 살입니까?
브라빠 우무르 아낙 라끼라끼냐

→ 7 tahun. 7살입니다.
뚜주 따훈

Berapa umur suaminya? (그 사람의) 남편은 몇 살입니까?
브라빠 우무르 수아미냐

→ 30 tahun. 30살입니다.
띠가 뿔루 따훈

라마단 Ramadan

다양한 종교를 믿는 인도네시아는 경축일 또한 많다. 그 중에서도 인도네시아에서 가장 많이 믿는 이슬람교와 관련된 다양하고 성대한 축제가 많다. 인도네시아 무슬림에게 가장 중요한 때는 약 한 달간 해가 뜰 때부터 질 때까지 1달 동안 금식을 하는 기간인 라마단이다.

라마단Ramadan 은 태음력으로 매년 9번째 달에 해당하는 기간으로, 대부분의 음식점들이 문을 닫아. 르바란Lebaran (이둘 삐뜨리 Idul Fitri 라고도 함)은 라마단이 끝나는 마지막날로 가장 성대한 경축일이지.
이 날은 우리나라 구정과 같이 민족대이동을 하며, 친지・웃어른・직장 상사 등을 방문해서 명절을 축하하며 집에서 만든 과자를 선물로 주기도 해.

허허허~ 오냐
안녕하셨어

임렉 Imlek 화인의 구정

인도네시아 중국인 음력설로 임렉Imlek은 우리나라의 구정과 같다. 임렉은 수하르토(Suharto) 전 대통령 집권 후 중국인 탄압정책의 영향으로 잠시 사라졌다가, 압두라만 와히드(Abdurrahman Wahid) 전 대통령이 중국문화 억압정책을 완화시키면서 부활했다.
과거에는 차이나타운을 중심으로 설 분위기가 났으나 지금은 쇼핑몰이나 상점을 중심으로 시내 어디에서나 빨간색 종이에 쓰인 황금색 한자 '돈 많이 버세요'란 뜻의 "꽁시파차이(恭喜發財)"가 적힌 종이가 걸려있는 것을 볼 수 있다.

恭喜發財

임렉때 인도네시아 화인들은 친척집을 방문하고, 빨간색 종이에 쓰인 황금색 한자 "꽁시파차이(恭喜發財)"가 적힌 종이가 위에 덮힌 과일 바구니를 선물해. 또한, 모든 친척이 한 곳에 모여 어린이와 젊은이들은 할머니, 할아버지, 어른들께 절을 하고 세뱃돈을 받아.

호비 사야 므논똔 필름

Hobi saya menonton film.

저의 취미는 영화보기입니다.

깔라우 아다 왁뚜, 아빠 양 비아사냐 빡 안또 라꾸깐

Na-Ra: Kalau ada waktu, apa yang biasanya Pak Anto lakukan?

사야 비아사냐 버르꾼중 끄 루마 뜨만 사야 아따우 뻐르기 벌란자

Anto: Saya biasanya berkunjung ke rumah teman saya atau pergi belanja.

깔라우 아다 왁뚜, 아빠 양 비아사냐 부 나라 라꾸깐

Kalau ada waktu, apa yang biasanya Bu Na-Ra lakukan?

호비 사야 므논똔 필름. 자디, 사야 스링 논똔 필름

Na-Ra: Hobi saya menonton film. Jadi, saya sering nonton film.

부 나라 수까 필름 아빠

Anto: Bu Na-Ra suka film apa?

사야 상앗 수까 필름 꼬메디

Na-Ra: Saya sangat suka film komedi.

오몽 오몽 아빠까 안다 뻐르나 므논똔 필름 꼬레아

Omong-omong, apakah Anda pernah menonton film Korea?

야, 사야 뻐르나 므논똔 필름 코레아. 필름 꼬레아 이뚜 상앗 므나릭

Anto: Ya, saya pernah menonton film Koea. Film Korea itu sangat menarik.

➜ 나라 한가할 때, 안또씨는 주로 무엇을 하십니까?

안또 저는 주로 친구 집에 놀러가거나 쇼핑하러 갑니다.
나라씨는 한가할 때, 주로 무엇을 하십니까?

나라 저의 취미는 영화보기입니다.
그래서 저는 영화를 자주 봅니다.

안또 나라씨는 무슨 영화를 좋아합니까?

나라 저는 코미디 영화를 아주 좋아합니다.
혹시 한국영화를 본 적이 있습니까?

안또 예, 본 적이 있습니다. 한국영화는 매우 재밌습니다.

단어

- □ **dalam** 달람 ~에, ~안에
- □ **waktu** 왁뚜 때, 기간, ~할 때
- □ **(me)lakukan** (믈)라꾸깐 하다
- □ **berkunjung** 버르꾼중 방문하다
- □ **rumah** 루마 집
- □ **teman** 뜨만 친구
- □ **atau** 아따우 혹은
- □ **belanja** 블란자 장을 보다, 쇼핑하다
- □ **hobi** 호비 취미
- □ **menonton** 므논똔 (영화를) 보다, 관람하다
- □ **film** 필름 영화
- □ **jadi** 자디 그래서
- □ **sering** 스링 자주, 종종
- □ **suka** 수까 좋아하다
- □ **sangat** 상앗 매우
- □ **komedi** 꼬메디 코미디
- □ **omong-omong** 오몽-오몽 근데, 말이 나와서 말인데
- □ **pernah** 뻐르나 ~한 적이 있는
- □ **film Korea** 필름 꼬레아 한국영화
- □ **menarik** 므나릭 흥미있는, 매력적인

08 아주 쉬운 해설

Kalau ada waktu, apa yang biasanya Pak Anto lakukan?
한가할 때, 안또씨는 주로 무엇을 하십니까?

❶ Kalau ada waktu 깔라우 아다 왁뚜 시간이 있으면, 한가할 때

waktu 왁뚜 때, ~할 때 란 뜻으로, kalau ada waktu은 한가한 때 로 무조건 외워서 사용하자.

❷ apa yang biasanya Pak Anto lakukan?
아빠 양 비아사냐 빡 안또 라꾸깐 Pak Anto씨는 보통 뭐하십니까?

yang은 ~하는 것 이란 뜻으로 yang 앞에 있는 단어를 꾸며주는 관계사이다. apa yang biasanya Pak Anto lakukan?은 yang 이하의 문장이 apa를 꾸며 안또씨가 보통 하는 것은 무엇입니까?로 해석한다.

atau ~하거나

atau 아따우 는 ~하거나 란 뜻으로 영어의 or에 해당한다. 이외에 다른 접속사에 대해 알아보자.

dan 단 ~와, 그리고

빡 낌 비사 버르바하사 꼬레아 단 잉그리스
예 Pak Kim bisa berbahasa Korea dan Inggris.
김선생님은 한국어와 영어를 말할 수 있다.

부 수시 믐뿌냐이 스오랑 아낙 라끼 라끼 단 믐뿌냐이 스오랑 아낙 쁘름뿌안
Bu Susi mempunyai seorang anak laki-laki dan mempunyai seorang anak perempuan.
수시씨는 아들 한 명, 그리고 딸 한 명이 있습니다.

(te)tapi (뜨)따삐 그러나

tapi는 tetapi의 줄임말 

바주 이니 짠띡, (뜨)따삐 떠를라루 마할
 Baju ini cantik, (te)tapi terlalu mahal. 이 옷은 예쁘지만, 그러나 너무 비싸다.

안징냐 루쭈, 따삐 갈락. 자디, 안징냐 수까 기깃

 Anjingnya lucu, tapi galak. Jadi, anjingnya suka gigit.

그의 개는 귀엽지만, 사나워서 물기를 좋아한다.

* anjing 안징 개, galak 갈락 사나운
gigit 기깃 물다, awas 아와스 주의하다

Awas anjing gila! 아와스 안징 길라 미친개 조심! 이라는 뜻이다.

* gila 길라 미친

jadi
자디

그래서, 그러므로

사야 수까 마까난 쁘다스. 자디 사야 바냑 마깐 마사깐 빠당

Saya suka makanan pedas. Jadi saya banyak makan masakan padang.

저는 매운 음식을 좋아합니다. 그래서 저는 빠당 요리를 많이 먹습니다.

* pedas 뻐다스 매운
makanan 마까난 음식
banyak 바냑 많이

디아 오랑 까야, 자디 뿌냐 바냑 모빌

Dia orang kaya, jadi punya banyak mobil.

그는 부자여서 차를 많이 가지고 있습니다.

* kaya 까야 부자인
punya 뿐야 가지다
mobil 모빌 차(자가용)

karena
까르나

왜냐하면 ~이므로, ~때문에

디아 만자 까르나 디아 아낙 뚱갈

 Dia manja karena dia anak tunggal.

그는 외동아들이기 때문에 버릇이 없다.

* manja 만자 어른스럽지 못한 아기같은
karena 까르나 ~때문에
anak tunggal 아낙 뚱갈 외동아들, 외동딸

리나 끌리하딴 스디 까르나 디아 바루 사자 뿌뚜스 등안 빠짜르냐

Lina kelihatan sedih karena dia baru saja putus dengan pacarnya.

리나는 애인과 막 헤어져서 슬퍼보인다.

* sedih 스디 슬픈
baru 바루 바로 ~한
putus 뿌뚜스 헤어지다

~ apa? 무슨~?

필름 아빠
film apa~? 무슨 영화?

까마르 아빠
kamar apa~? 무슨 방?

sangat 매우

sangat 상앗 은 매우란 뜻이며, 동사와 형용사 앞에 놓여 동사와 형용사를 수식한다.

사야 상앗 수까 필름 꼬메디
Saya sangat suka film komedi. 저는 코미디 영화를 매우 좋아합니다.

빡 얀또 상앗 라진
Pak Yanto sangat rajin. 얀또 씨는 매우 부지런하다.

suka ~을 좋아하다

뚜띠 수까 필름 까르뚠
Tuti suka film kartun. 뚜띠는 만화영화를 좋아한다.

민수 수까 마까난 인도네시아, 따삐 띠닥 수까 마사깐 빠당
Minsu suka makanan Indonesia, tapi tidak suka masakan padang.
민수는 인도네시아 음식을 좋아하지만 빠당요리는 좋아하지 않는다.

띠닥 브기뚜 수까
tidak begitu suka + 목적어

~을 그다지 좋아하지 않는다

예 빡 리 띠닥 브기뚜 수까 꾸찡
Pak Lee tidak begitu suka kucing.
이 선생님은 고양이를 그다지 좋아하지 않습니다.

동물

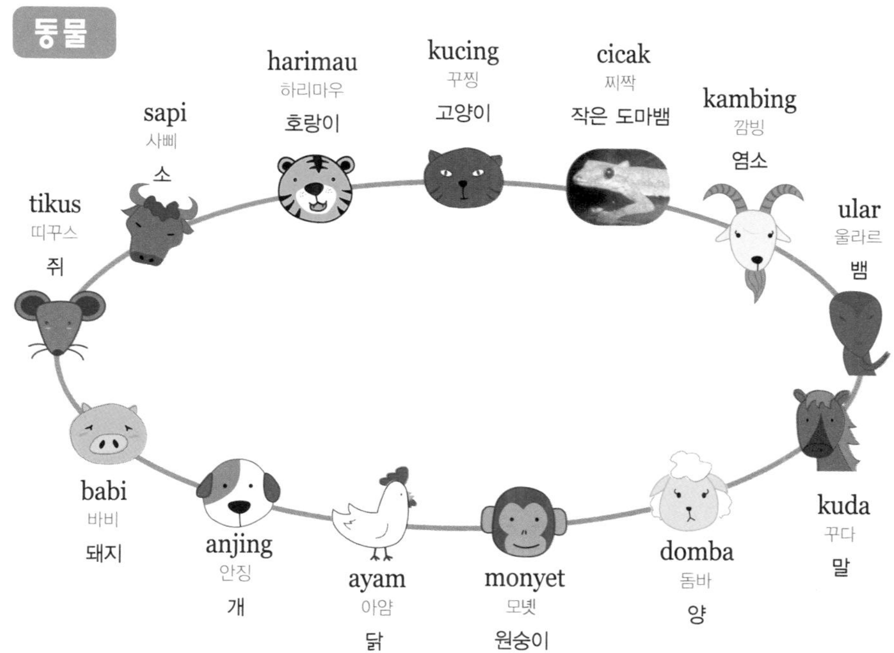

6. Apakah ... pernah ~ ? ~한 적이 있습니까?

pernah 뻐르나 는 ~한 적이 있다 란 뜻으로 경험을 나타낸다. ~한 적이 있습니까? 라고 물을 때는 apakah 아빠까 를 문장 맨 앞에 놓아 묻는다.

예 아빠까 안다 뻐르나 뻐르기 끄 자까르따
Apakah Anda pernah pergi ke Jakarta?
자카르타에 가본 적이 있나요?

아빠까 안다 뻐르나 므논똔 필름 인도네시아
Apakah Anda pernah menonton film Indonesia?
인도네시아 영화를 본 적이 있습니까?

취미말하기

Hobi Anda apa? 취미는 무엇입니까?
호비 안다 아빠

→ Hobi saya

호비 사야

berolahraga. 버르올라라가	저의 취미는 운동입니다.	
membaca buku. 믐바짜부꾸	〃	독서입니다.
bermain game. 버르마인 겜	〃	게임을 하는 것이다.
nonton film. 논똔 필름	〃	영화보기이다.

취미 ▸ Hobi saya _____________. 저의 취미는 __________ 입니다.

  berolahraga 버르올라라가 운동하기	 bermain internet 버르마인 인떠르넷 인터넷 서핑하기	 berjalan-jalan 버르잘란 잘란 여행하기
 memasak 므마삭 요리하기	 jalan jalan naik mobil 잘란 잘란 나익 모빌 드라이브하기	 jalan kaki santai 잘란 까끼 산따이 산책하기
  mendengar musik 믄둥아르 무식 음악듣기	 bermain futsal 버르마인 풋살 간이축구하기	 memotret 므모뜨렛 사진찍기

간이축구
정규 축구를 초심자들에게 맞게 축소한 미니 축구.
풋살FUTSAL은 에스파냐어Futbol de salon의 약어이며, 인도어로 새커라고도 한다.
요즘 인도네시아 사람들이 즐겨하는 실내 스포츠이다.

잘 듣고 따라해 보세요~

좋고 싫음 말하기

Apa(kah) Anda suka bulu tangkis? 당신은 배드민턴을 좋아합니까?
아빠(까) 안다 수까 불루 땅끼스

→ Ya, saya suka. 네, (저는) 좋아합니다.
야, 사야 수까

→ Tidak, saya tidak suka. 아니오, (저는) 좋아하지 않습니다.
띠닥, 사야 띠닥 수까

→ Saya tidak begitu suka. 그다지 좋아하지 않습니다.
사야 띠닥 브기뚜 수까

스포츠 ▸ Apa(kah) Anda suka ____________. 당신은 __________ 을/를 좋아합니까?

sepak bola
세빡 볼라
축구

bola basket
볼라 바스껫
농구

berenang
버르낭
수영

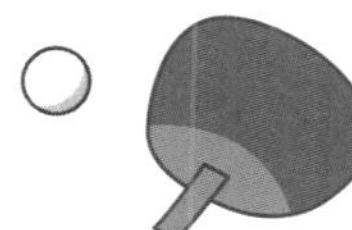

tenis meja
떼니스 메자
탁구

tenis
떼니스
테니스

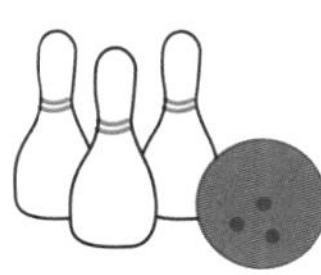

boling
볼링
볼링

bilyar
빌랴르
당구

bulu tangkis
불루 땅끼스
배드민턴

좋아!! 좋아!!
오늘은 노래방 갈까?

인도네시아의 수도인 자카르타에는 다양한 컨셉의 나이트클럽, 바, 가라오케(노래방)등의 유흥시설과 스포츠 시설이 많다. 주말에 나이트클럽과 바는 주로 새벽까지 영업을 한다. 인도네시아의 젊은이들에게 나이트클럽과 바는 사교의 장소로 주말이 되면 밤새도록 흥겨운 파티를 즐긴다.
또한, 인도네시아의 족자카르타는 전통공연으로, 발리는 마사지로 유명하다.

유후~
이정도는 춰주어야지!!

▶ 나이트클럽

자카르타에는 세계적으로 유명한 나이트클럽처럼 크고 화려한 나이트클럽이 많다. 그 중에서 X2 나이트클럽은 자카르타에서 가장 큰 나이트클럽으로 인도네시아 젊은이들에게 인기가 많다.

▶ 레스토랑과 바

자카르타 남쪽에 위치한 JI. Kemang Raya 끄망 라야 거리와 Blok M 블록 엠 에는 고급스럽고 이국적인 레스토랑과 바가 많이 있다. 메뉴는 인도네시아 전통음식부터 일식, 서양식까지 다양하다.

▶ 마사지

인도네시아 여행에서 빼놓을 수 없는 것이 바로 마사지이다. 인도네시아 마사지는 가격이 저렴하고, 아보카도, 파파야, 코코넛 등 천연재료를 이용한 마사지로 현지인뿐만 아니라 외국인 관광객들에게도 인기가 많다.
특히, 일반 미용실에서 머리마사지를 해주며 가격도 저렴해 인도네시아인 뿐만아니라 외국인 관광객에게 머리마사지가 인기있다.

특히, 외국인들이 즐겨 찾는 발리에는 리조트와 호텔 별로 자격증을 갖춘 전문 마사지사가 다양한 마사지를 제공하고있어.

▶ 스포츠 시설

1 수영장

인도네시아에는 깨끗하고 좋은 시설을 갖춘 일반 야외수영장이 많이 있지.
하지만, 사람들로 붐비지 않고 혼자서 조용하게 수영을 즐기고자 한다면 5성급 고급 호텔의 수영장을 이용하는 것이 좋아.

2 볼링장

안쫄 유원지에 다양한 스포츠 시설이 있어 인도네시아인들이 즐겨 찾아.
인도네시아에는 볼링장이 많이 있지 않아 주로 유원지의 볼링장에서 볼링을 치지.

3 Kelapa Gading Sports Center 끌라빠 가딩 스포츠 센터르

인도네시아 중심지에 위치한 끌라빠 가딩 스포츠 센터르는 휘트니스 · 사우나 · 수영장 · 테니스장 · 농구장 등의 시설을 갖추고 있어.

잘란 뜨루스
Jalan terus.
(가던 길로) 계속 가세요.

Lina

빠르미시, 빡. 볼레 사야 따냐?
Permisi, Pak. Boleh saya tanya?

Orang yang lewat

야, 볼레. 아다 양 비사 사야 반뚜?
Ya, boleh. Ada yang bisa saya bantu?

아빠까 아다 깐또르 뽀스 디 스끼따르 시니?
Apakah ada kantor pos di sekitar sini?

아다 깐또르 뽀스 뿌삿 디 스끼따르 시니
Ada Kantor Pos Pusat di sekitar sini.

다리 시니 루루스, 벨록 끼리 디 뻐르음빠딴, 단 깐또르 뽀스
Dari sini lurus, belok kiri di perempatan, dan Kantor Pos

뿌삿냐 아다 디 스블라 까난
Pusatnya ada di sebelah kanan.

아빠까 자우 다리 시니 끄 사나
Apakah jauh dari sini ke sana?

띠닥 브기뚜 자우. 다리 시니 끼라 끼라 리마 므닛 잘란 까끼
Tidak begitu jauh. Dari sini kira-kira 5 menit jalan kaki.

뜨리마 까시
Terima kasih.

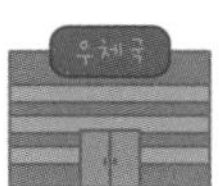

리나	실례지만, 질문 좀 해도 될까요?
행인	네, 무엇을 도와드릴까요?
리나	근처에 우체국이 있습니까?
행인	근처에 중앙우체국이 있습니다. 여기서 직진하셔서 사거리에서 왼쪽으로 돌아가면 오른쪽에 있습니다.
리나	여기에서 거기까지 멉니까?
행인	그다지 멀지 않습니다. 걸어서 약 5분 정도 걸립니다.
리나	고맙습니다.

단어

- □ **boleh** 볼레 ~ 해도 될까요?
- □ **tanya** 따냐 질문하다
- □ **bisa** 비사 ~할 수 있다
- □ **bantu** 반뚜 도와주다
- □ **kantor pos** 깐또르 뽀스 우체국
- □ **sekitar** 스끼따르 주변
- □ **sini** 시니 여기
  di sekitar sini 디 스끼따르 시니 근처에
- □ **lurus** 루루스 직진하다
- □ **belok** 벨록 돌다, 방향을 바꾸다
- □ **kiri** 끼리 왼쪽, 좌측의
- □ **perempatan** 빠르음빠딴 사거리
- □ **sebelah** 스블라 ~쪽, 측
- □ **kanan** 까난 오른쪽, 우측의
  di sebelah kanan 디 스블라 까난 오른편에
- □ **jauh** 자우 먼
- □ **ke** 끄 ~로
- □ **ke sana** 끄 사나 저기까지
- □ **kira-kira** 끼라 끼라 대략
- □ **menit** 므닛 분
- □ **5 menit** 리마 므닛 5분
- □ **jalan** 잘란 걷다
- □ **kaki** 까끼 다리
  jalan kaki 잘란 까끼 걸어서

09

아주 쉬운 해설

Boleh ~? ~해도 될까요?

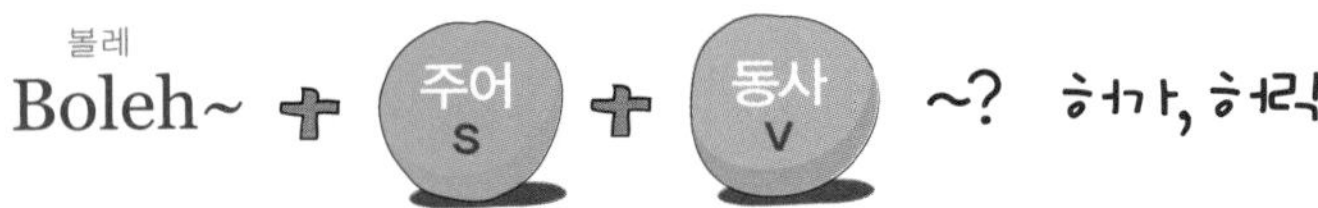

~해도 될까요?라고 허가를 물을 때는 Boleh 를 써서 묻고, 대답할 때 **긍정**이면 Boleh. 볼레 **됩니다**, **부정**이면 Tidak boleh. 띠닥 볼레 **안 됩니다** 라고 한다.

볼레 사야 따냐 예 Boleh saya tanya?	물어봐도 될까요? (질문해도 될까요?)
야, 볼레 ···› Ya, boleh.	네, 됩니다.
볼레 사야 이꿋 예 Boleh saya ikut?	따라가도 될까요?
띠닥, 볼레 ···› Tidak boleh.	안됩니다.

Ada yang bisa saya bantu? 무엇을 도와드릴까요?

Ada yang bisa saya bantu? 아다 양 비사 사야 반뚜 는 제가 도울 것이 있나요? 인데 주로 상점에서 점원이 손님에게 말할 때 사용하는 표현으로 **무엇을 도와드릴까요?** 라는 의미로 사용하는 표현이다. Bisa dibantu? 비사 디반뚜 라고도 한다.

＊Bisa dibantu? 비사 디반뚜 **도와드릴까요?**

dibantu는 bantu 도와주다 가 원형으로 bantu 앞에 수동형을 나타내는 di를 붙여 도움받다란 뜻이된다.
Bisa dibantu?를 직역하면 도움 받을 수 있어? 이며 **도와드릴까요?** 란 의미로 쓰인다.

Apakah ada ~? ~이 있습니까?

❶ 사물의 존재유무를 물을 때는 ada 있다 앞에 의문사 Apakah를 놓으면 ~이 있습니까?란 표현이 된다.

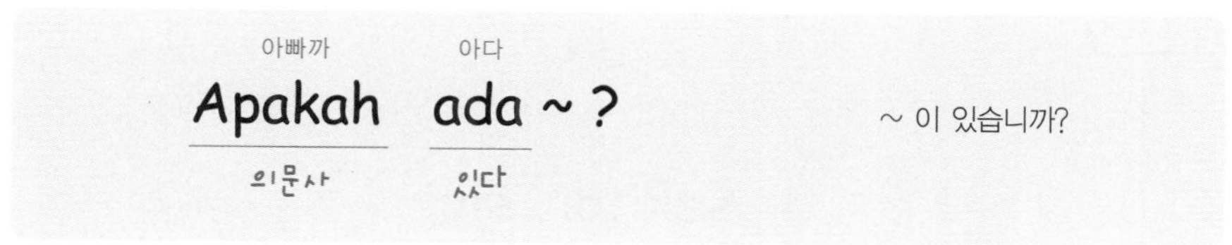

아빠까 아다 까무스
예 Apakah ada kamus? 사전이 있습니까?

❷ 장소에 사물의 존재유무를 물을 때는 문장 끝에 di + 장소를 놓아 ~에 ~이 있습니까?라고 표현한다.

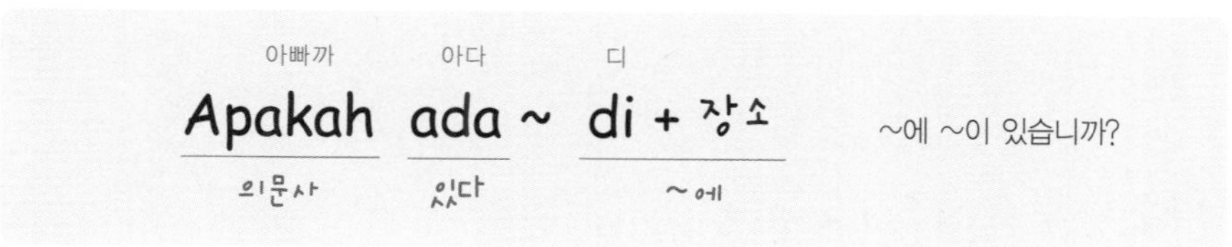

아빠까 아다 웨쎄 디 시니
예 Apakah ada WC di sini? 여기에 화장실이 있습니까?

구어체에서는 Apakah를 빼고 간단히 Ada WC di sini? 아다 웨쎄 디 시니 라고 문장 끝을 올려 말하면 여기에 화장실 있어요?란 표현이 된다. 

인도네시아어	뜻	인도네시아어	뜻
sini 시니	여기 가까운 장소 지칭	sana 사나	저기 먼 장소를 지칭
situ 시뚜	거기 특정한 장소를 지칭	mana 마나	어디

음박, 디 시니 주알 스빠뚜
예 Embak, di sini jual sepatu? 아줌마, 여기에서 신발 팝니까?

오, 이뚜 아다 디 시뚜
예 Oh, itu ada di situ. 아, 거기에 있어요.

아빠까 아다 헤로 디 사나
Apakah ada Hero di sana? 저기에 헤로가 있습니까?

헤로는 인도네시아의 체인점 수퍼마켓이름이다. 

di sekitar sini 근처에

디 스끼따르 시니
di sekitar sini 이 근처에
~에 주변 여기

디아 띵갈 디 스끼따르 시니
예 Dia tinggal di sekitar sini. 그는 이 근처에 산다.

아다 반다라 디 스끼따르 시니
Ada bandara di sekitar sini. 이 근처에 공항이 있다.

* bandara 반다라 공항

di sebelah kanan 오른쪽에

디 스블라 까난
di sebelah kanan
~에 편, 쪽 오른
오른쪽에

위치

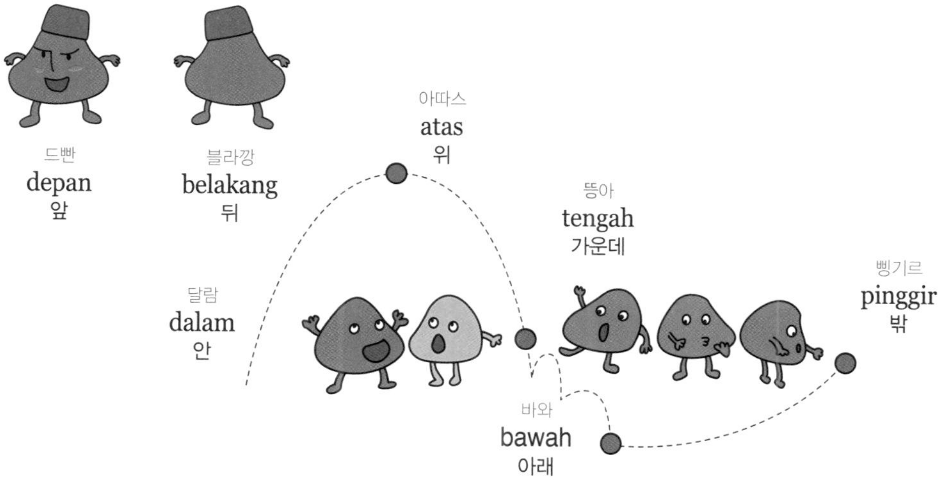

드빤
depan
앞

블라깡
belakang
뒤

아따스
atas
위

뜽아
tengah
가운데

삥기르
pinggir
밖

달람
dalam
안

바와
bawah
아래

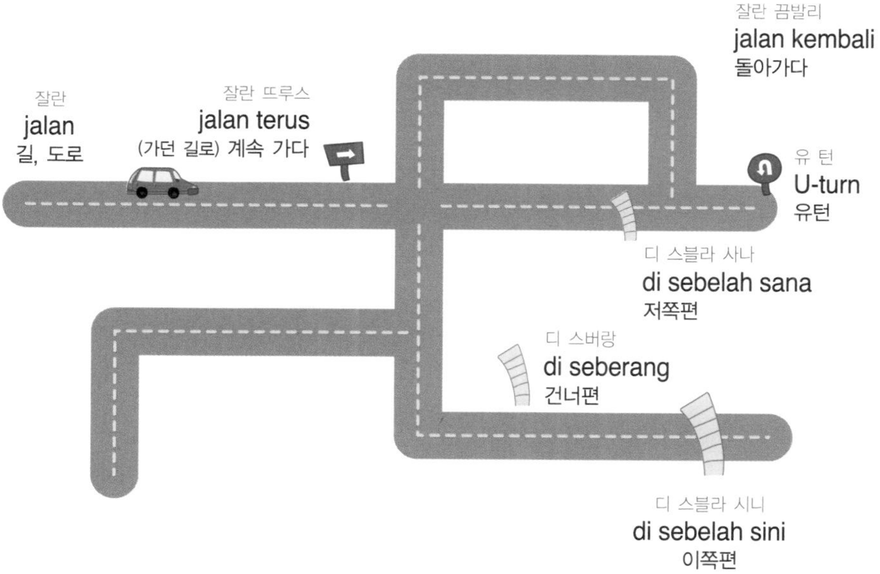

잘란 끔발리
jalan kembali
돌아가다

잘란
jalan
길, 도로

잘란 뜨루스
jalan terus
(가던 길로) 계속 가다

유 턴
U-turn
유턴

디 스블라 사나
di sebelah sana
저쪽편

디 스버랑
di seberang
건너편

디 스블라 시니
di sebelah sini
이쪽편

dari~ ke ~ 　　~에서 ~까지

dari다리~ ke끄 ~ 는 ~에서 ~까지라는 뜻으로 거리의 시작과 끝을 의미하는 표현이다.

berapa lama는 시간, 거리 등이 ~ 걸리다란 뜻으로, 여기서는 거리를 나타낸다.

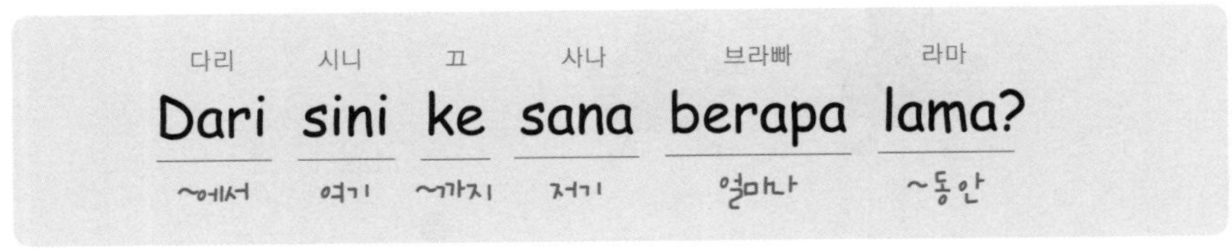

다리 시니 끄 사나 브라빠 라마
Dari sini ke sana berapa lama?
~에서 여기 ~까지 저기 얼마나 ~동안

예

브라빠 라마 바빡 아깐 믕이납 디 수라바야
Berapa lama Bapak akan menginap di Surabaya?
선생님은 수라바야에 얼마나 머물 예정입니까?
→ 사뚜 밍구 1 minggu. 1주일이요.

* menginap 믕이납 머물다

브라빠 라마 안다 블라자르 바하사 인도네시아
Berapa lama Anda belajar bahasa Indonesia?
얼마동안 인도네시아어 공부를 했나요?
→ 으남 불란 6 bulan. 6개월이요.

브라빠 라마 안다 버라다 디 인도네시아
Berapa lama Anda berada di Indonesia?
인도네시아에 얼마동안 계셨나요?
→ 사뚜 따훈 1 tahun. 1년이요.

~ menit ~분

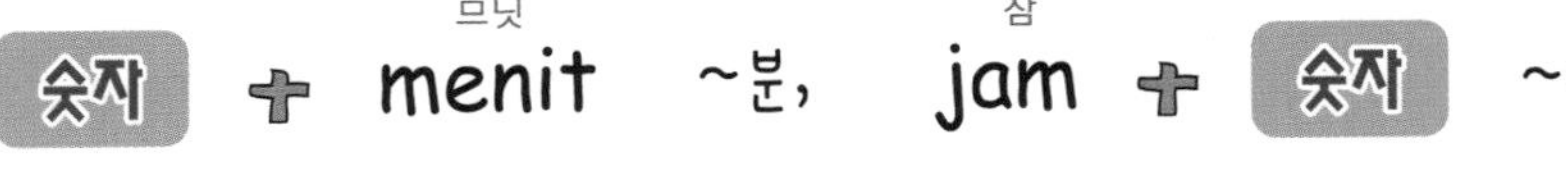

분은 menit 므닛 이라고 하며, 숫자 + menit의 형태로 나타낸다.

분	인도네시아어	주의
10분	10 menit 스뿔루 므닛	
20분	20 menit 두아 뿔루 므닛	한 시간을 jam satu 라고 한다.
15분	15 menit 리마 블라스 므닛	
30분	30 menit 띠가 뿔루 므닛	혹은 한시간의 반을 의미하는 setengah jam스뜽아 잠이라고 읽는다.

jalan kaki 걸어서

잘란 까끼

걸어서

나익 베짝
naik becak 베짝타고

나익 오젝
naik ojek 오젝타고

나익 딱시
naik taksi 택시타고

교통수단

부스
bus 버스

앙꾸딴
angkutan 앙꾸딴

angkot 앙꼿 이라고 줄여서 부르며 마을버스와 같다.
노선별로 앙꼿 차량의 색깔은 다르다. * angkut 앙꿋 angkot의 표준어

딱시
taksi 택시

오젝
ojek 오젝

쁘사왓
pesawat 비행기

스뻬다
sepeda 자전거

스뻬다 모또르
sepeda motor 오토바이

베짝
becak 베짝

끄레따 아삐
kereta api 기차

인도네시아에서 통하는 회화따라하기

길묻기

실례지만, 감비르역에 가려면 어디로 가야 하나요?

Permisi, kalau mau ke stasiun Gambir lewat mana, Pak ? 남성에게 물을 때
빠르미시, 깔라우 마우 끄 스따시운 감비르 레왓 마나, 빡

Bu 여성에게 물을 때
부

*lewat 레왓 ~를 지나

▸ permisi, kalau mau ke ______________ lewat mana, Bu?
실례지만, __________ 에 가려면 어디로 가나요?.

bank
방
은행

perpustakaan
빠르뿌스따까안
도서관

toko buku
또꼬 부꾸
서점

Permisi, kalau mau ke Kedutaan Besar Korea lewat mana, Bu?
빠르미시, 깔라우 마우 끄 끄두따안 브사르 꼬레아 레왓 마나, 부
실례지만, 한국대사관에 가려면 어디로 가나요?

잘 듣고 따라해 보세요~

~얼마나 걸립니까?

Dari sini ke sana naik		berapa lama?
다리 시니 끄 사나 나익 여기서 거기까지	**bus** 부스 — 버스	브라빠 라마 (으)로 얼마나 걸립니까?
	becak 베짝 — 베짝	
	ojek 오 — 오젝	
	taksi 딱시 — 택시	
	kereta api 끄레따 아삐 — 기차	

Dari sini ke sana naik bus berapa lama?
다리 시니 끄 사나 나익 부스 브라빠 라마
여기서 거기까지 버스로 얼마나 걸립니까?

kira-kira 30 menit.
끼라 끼라 띠가 뿔루 므닛
약 30분 정도 걸립니다.

대중교통

콩나물 시루를 연상케 할 정도로 승객들로 꽉 찬 일반 버스나 기차에는 소매치기도 많으니 외국인은 자가용이나 택시를 이용하는 것이 안전해요!

주요 대도시 주변을 제외하면 비포장 도로가 많아 좋지 않은 편에 속한다. 인도네시아 도로는 버스 · 소형버스 · 택시 · 승용차, 정체된 도로에는 음료수 · 빵 · 과자를 파는 잡상인들, 심지어 비오는 날에 걸레로 창문 닦아주고 돈을 받는 사람들, 노래 부르고 돈을 받는 **pengamen** 뻥아멘, 거지 · 길거리 부랑자 **pengemis** 뻥으미스 등과 최근 생겨난 3 in 1 제도 시행 구간에서 차량에 타주고 돈 받는 사람 등 온갖 종류의 잡상인들로 넘쳐난다.

택시 taksi 와 버스 bus

인도네시아는 수많은 택시회사가 있다. 그 중에서 Blue bird, Silver Bird, Morante, Lintas Buana 등이 안전하다.(우리나라 모범택시와 같음)

＊블루버드 택시 기본요금 : 5.000 루피아정도

인도네시아 버스는 일반 대중이 이용하는 대중버스부터 중간급 버스, 초호화고급 버스 버스까지 다양하다. 일반대중버스는 승차시 요금을 지불하고, 중간급버스와 초호화버스는 미리 버스터미널에서 구입할 수 있다.

앙꼿 angkot 마을버스

우리나라의 마을버스와 같다. 노선별로 앙꼿 차량의 색깔이 다르다. 대게 앙꼿 운전수는 최대한 많은 승객을 태우기 위해 버스 안에 손님이 가득 찰 때까지 운행하지 않는다.

끄레따 아삐 kereta api 기차

기차는 인도네시아 자바섬과 수마뜨라섬에서만 운행한다. 이코노미 클래스는 일반 대중이 이용하는 기차로 가장 싸다. 기차 안에는 소매치기, 잡상인과 부피가 큰 짐을 한 가득 싣고 타는 승객 등이 뒤범벅이 되어 아주 소란하다. 비즈니스 클래스는 선풍기를 장착하였고, 편안한 좌석을 구비하였다. 에어컨을 장착한 이그제큐티브 클래스는 가장 비싸지만, 전용좌석으로 되어 있다.

3 in 1 제도 시행 (three in one)

최근 정부는 교통 체증 완화책의 일환으로 3 in 1이라는 제도를 만들어 가장 교통체증이 심한 출퇴근 시간대인 아침 7시부터 10시와 오후 4시 30 분부터 저녁 7시까지 자카르타 시내에 구간을 정해 한 차에 세 사람 이상 탄 차량만 통행할 수 있도록 했지만, 여전히 교통체증은 심하다.

바자이 bajai

2~3명이 탈 수 있도록 개조한 오토바이 택시로 단거리 이동에 주로 쓰인다. 모터 소음과 매연이 있어 조금 불편하지만, 단거리 이동시 교통체증이 심한 곳을 지나갈 때 이용하기 편리했지만, 현재는 자카르타에서 많이 없어진 편이다.

베짝 becak

인력거로 자카르타를 제외한 주요 지방의 도시 및 관광지에 널리 사용되는 교통수단이다.

오젝 ojek

오토바이 택시로 주로 출퇴근 시간에 이동할 때나 도로가 심하게 막히는 곳을 갈 때 이용한다. 우리나라 퀵 서비스 오토바이처럼 빠르다는 장점이 있지만, 사고가 많이 나는 편이다.

스뻬다 모또르 오토바이 sepeda motor

인도네시아는 교통체증이 아주 심각해 경제적으로 여유가 없는 서민은 오토바이를 많이 이용한다. 인도네시아 곳곳에서 오토바이 가게(딜러쉽)를 많이 발견 할 수 있다.

Pelajaran 10

아빠까 바빡 비사 버르바하사 인도네시아

Apakah Bapak bisa berbahasa Indonesia?

선생님은 인도네시아어를 할 수 있습니까?

Tuti

빼르미시, 빡. 아빠까 바빡 비사 버르바하사 인도네시아

Permisi, Pak. Apakah Bapak bisa berbahasa Indonesia?

Min-su

야, 비사

Ya, bisa.

깔라우 브기뚜, 브라빠 라마 바빡 블라자르 바하사 인도네시아

Kalau begitu, berapa lama Bapak belajar bahasa Indonesa?

수다 두아 따훈 사야 블라자르 바하사 인도네시아

Sudah 2 tahun saya belajar bahasa Indonesia.

바하사 인도네시아 바빡 상앗 란짜르

Bahasa Indonesia Bapak sangat lancar.

까빤 바빡 다땅 끄 인도네시아

Kapan Bapak datang ke Indonesia?

뜨리마 까시

Terima kasih.

사야 다땅 끄 인도네시아 따훈 양 랄루

Saya datang ke Indonesia tahun yang lalu.

따삐, 아다 우루산 아빠 안다 다땅 끄 인도네시아?

Tapi, ada urusan apa Anda datang ke Indonesia?

사야 다땅 끄 인도네시아 운뚝 블라자르 끄부다야안 인도네시아

Saya datang ke Indonesa untuk belajar kebudayaan Indonesia.

뚜띠	선생님, 실례지만, 인도네시아어를 할 수 있습니까?
민수	네, 할 수 있습니다.
뚜띠	그러면, 선생님은 얼마동안 인도네시아어 공부를 했습니까?
민수	인도네시아어 공부한 지 2년 되었습니다.
뚜띠	선생님은 인도네시아어를 매우 잘 하시는군요. 언제 인도네시아에 오셨습니까?
민수	고맙습니다. 인도네시아에 작년에 왔습니다.
뚜띠	그런데, 무슨 일로 인도네시아에 왔습니까?
민수	저는 인도네시아 문화를 공부하러 인도네시아에 왔습니다.

단어

- □ **bisa** 비사 ~을 할수 있다
- □ **berbahasa** 버르바하사 (언어를) 말하다
- □ **kalau begitu** 깔라우 브기뚜 그렇다면
- □ **berapa lama** 브라빠 라마 얼마 동안
- □ **belajar** 블라자르 공부하다
- □ **bahasa** 바하사 언어
  bahasa Indonesa바하사 인도네시아 인도네시아어
- □ **sudah** 수다 이미 ~한
- □ **2 tahun** 두아 따훈 2년
- □ **lancar** 란짜르 유창한, 말을 잘 하는
- □ **(te)tapi** (뜨)따삐 그러나
- □ **urusan** 우루산 일, 용무
  ada urusan apa 아다 우루산 아빠 무슨 일이십니까?
- □ **untuk** 운뚝 ~하기 위한, ~을 위한, ~용도의
- □ **kebudayaan** 끄부다야안 문화

10

아주 쉬운 해설

bisa ~을 할 수 있다

~을 할 수 있다 란 뜻의 bisa는 영어의 can에 해당하는 조동사로 능력, 가능을 나타내는 동사이다. 동사 앞에 놓인다.

비사 다땅
예 bisa datang 올 수 있다.

bisa의 어순

1. 긍정문 비사 bisa + 동사 V ~할 수 있다

사야 Saya + 비사 bisa + 버르바하사 잉그리스 berbahasa Inggris. 저는 영어를 할 수 있습니다.
저는 / ~할 수 있다 / 영어를 말하다

2. 부정문 띠닥 비사 tidak bisa + 동사 V ~할 수 없다

사야 Saya + 띠닥 비사 tidak bisa + 버르바하사 인도네시아 berbahasa Indonesia. 저는 인도네시아어를 할 수 없습니다.
저는 / ~할 수 없다 / 인도네시아어를 말하다

3. 의문문 ~할 수 있습니까? 라고 물을 때는 2가지 형식으로 질문 할 수 있다.

① 아빠까 Apakah + 주어 S + 비사 bisa + 동사 V ~할 수 있습니까?

아빠까 Apakah + 바빡 Bapak + 비사 bisa + 버르바하사 인도네시아 berbahasa Indonesia? 인도네시아어를 할 수 있습니까?
~까? / (선생님은) / 할 수 있다 / 인도네시아어를 말하다

비사까	안다	버르바하사 잉그리스
Bisakah +	Anda +	berbahasa Inggris?
~까?	(당신은)	영어를 말하다

영어를 할 수 있습니까?

예 비사 디반뚜
Bisa dibantu? — 도와드릴까요?

4. 대답

긍정 야, 비사
○ Ya, bisa. — 네, 할 수 있습니다

부정 띠닥 비사
× Tidak bisa. — 할 수 없습니다

bahasa — 언어

바하사
bahasa + 국가명 ~어

나라이름은 대문자로 쓴다. 

인도네시아어	뜻	인도네시아어	뜻
bahasa Indonesia 바하사 인도네시아	인도네시아어	bahasa Vietnam 바하사 비엣남	베트남어
bahasa Korea 바하사 꼬레아	한국어	bahasa Inggris 바하사 잉그리스	영어
bahasa Jepang 바하사 즈빵	일본어	bahasa Perancis 바하사 쁘란찌스	프랑스어
bahasa China(Cina) 바하사 찌나	중국어	bahasa Spanyol 바하사 스빠뇰	스페인어

berapa lama~? 얼마동안

berapa 브라빠 는 수에 대해 물어보는 의문사이다. berapa를 사용해 가격, 나이, 전화번호, 시간, 기간 등에 대해 물어볼 수 있다.

▶ 기간을 물을 때

berapa에 기간, 동안이란 뜻의 lama를 붙여 물으면 얼마동안 이란 뜻이 된다.

당신은 얼마 동안 영어를 공부했나요?	브라빠 라마 안다 블라자르 바하사 잉그리스 Berapa lama Anda belajar bahasa Inggris?
···› 3년이요.	띠가 따훈 3 tahun.

▶ 가격을 물을 때

저거 얼마입니까?	이뚜 하르가냐 브라빠 Itu harganya berapa?
···› 3,500 루피아입니다.	띠가 리부 리마 라뚜스 루삐아 3.500 rupiah.

▶ 나이를 물을 때

회화체에서는 주로 berapa를 문장 뒤에 놓아 묻는다.

몇 살입니까?	우무르냐 브라빠 Umurnya berapa?
···› 25살 입니다.	두아 뿔루 리마 따훈 25 tahun.

▶ 시간을 물을 때

몇 시 입니까?	잠 브라빠 Jam berapa?
···› 오후 5시입니다.	잠 리마 소레 Jam 5 sore.

▶ 전화번호를 물을 때

너 전화번호 몇 번이니?	노모르 뗄레뽄 까무 브라빠 Nomor telepon kamu berapa?
···› 555-4433번입니다.	리마 리마 리마 음빳 음빳 띠가 띠가 555 - 4433.
너 핸드폰은 몇 번이니?	노모르 핸뽄 까무 브라빠 Nomor handphone kamu berapa?
···› 0812-8799-9900번입니다	꼬송 들라빤 사뚜 두아 들라빤 뚜주 슴빌란 슴빌란 슴빌란 슴빌란 꼬송 꼬송 ···› 0812 - 8799 - 9900

sudah 이미/벌써 ~했다

이미 앞에서 학습했지만, 다시 한 번 시제에 관해 복습해 보도록 한다. 영어에는 과거, 현재, 미래를 나타내기 위해서 동사가 변화한다.

see 현재 – saw 과거 – will see 미래
보다 보았다 볼 것이다

그러나 인도네시아어는 동사의 변화가 없다. 대신에 과거를 나타내는 **sudah** 수다 **이미 ~한**, 현재를 나타내는 **sedang** 스당 **~하고 있는**, 미래를 나타내는 **akan** 아깐 **~할 것이다**를 동사 앞에 써서 시제를 표현한다.

■ 과거 시제

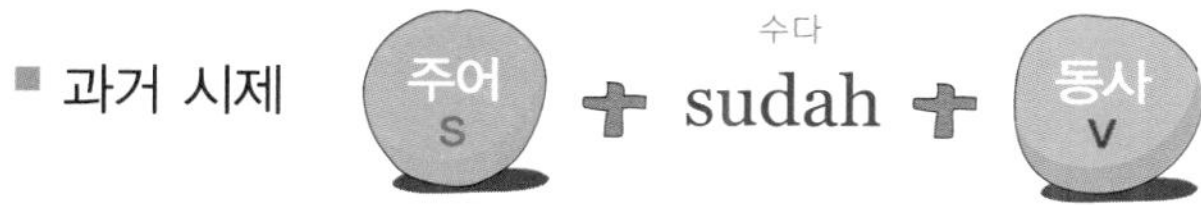

아꾸 수다 끼림 이메일 끄(빠다) 까무 따디 말람
예 **Aku sudah kirim email ke(pada) kamu tadi malam.**
나는 너한테 지난 밤에 이메일을 보냈어.

kepada 끄빠다 는 ~에게 란 뜻인데, 구어체에서는 pada 빠다 를 생략해 주로 ke 끄 로 쓰인다. 

단, 문장에 **kemarin** 끄마린 어제, **tadi** 따디 지난, 아까 **minggu yang lalu** 밍구 양 랄루 저번주 등과 같은 과거의 시간을 나타내는 단어가 있을 경우 **sudah** 수다 를 생략할 수 있다.

사야 뻐르기 끄 뻐르뿌스따까안 끄마린
예 **Saya pergi ke perpustakaan kemarin.** 어제 저는 도서관에 갔습니다.

kapan 언제

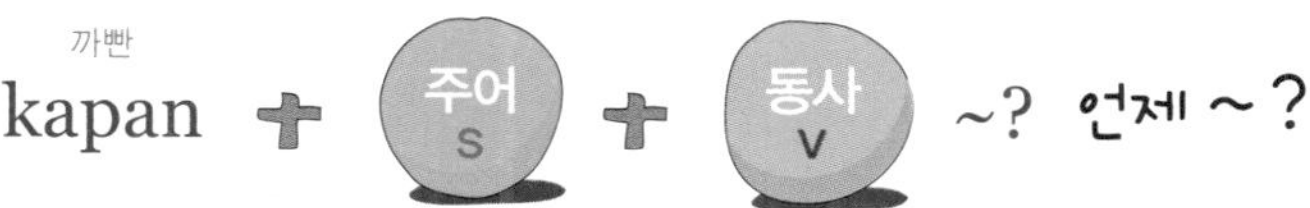

kapan은 영어의 when에 해당하는 의문사로 **언제**란 뜻이다. 문장 앞에 놓아 묻는다. 대답할 때는,

1. 작년 숫자 + tahun(따훈, 년) + yang lalu(양 랄루)

2. 지난달 숫자 + bulan(불란, 월) + yang lalu(양 랄루)

3. 지난주 숫자 + minggu(밍구, 주) + yang lalu(양 랄루)

라고 한다.

예 까빤 안다 뻐르기 끄 인도네시아
Kapan Anda pergi ke Indonesia? 언제 인도네시아에 가셨습니까?

따훈 양 랄루
→ Tahun yang lalu. 작년이요.

두아 따훈 양 랄루
→ 2 tahun yang lalu. 2년 전이요.

까빤 부 정 끔발리 라기
Kapan Bu Chung kembali lagi? 정선생님은 언제 다시 돌아왔나요?

밍구 양 랄루
→ Minggu yang lalu. 지난주에요.

띠가 밍구 양 랄루
→ 3 minggu yang lalu. 3주 전에요.

년/월/일					
일日 hari 하리	그저께 kemarin lusa 끄마린 루사	어제 kemarin 끄마린	오늘 hari ini 하리 이니	내일 besok 베속	모레 lusa 루사
주週 minggu 밍구	2주전 2 minggu yang lalu 두아 밍구 양 랄루	지난주 minggu yang lalu 밍구 양 랄루	이번주 minggu ini 밍구 이니	다음주 minggu depan 밍구 드빤	
월月 bulan 불란	2달전 2 bulan yang lalu 두아 불란 양 랄루	지난달 bulan yang lalu 불란 양 랄루	이번달 bulan ini 불란 이니	다음달 bulan depan 불란 드빤	
년年 tahun 따훈	2년전 2 tahun yang lalu 두아 따훈 양 랄루	작년 tahun yang lalu 따훈 양 랄루	올해 tahun ini 따훈 이니	내년 tahun depan 따훈 드빤	

(현지표현) dua hari yang lalu 두아 하리 양 랄루 이틀전 

6. untuk ~하러, ~을 위해

untuk은 ~하러, ~을 위해란 뜻으로 영어의 for에 해당한다.

아다 우루산 아빠 다땅 끄 인도네시아
예 Ada urusan apa datang ke Indonesia?
당신은 인도네시아에 무슨 일로 오셨습니까?

사야 다땅 끄 인도네시아 운뚝 버꺼르자
→ Saya datang ke Indonesia untuk bekerja.
저는 인도네시아에 일하러 왔습니다.

언제

Kapan Anda datang ke Indonesia? 인도네시아에 언제 왔습니까?
까빤 안다 다땅 끄 인도네시아

···› Saya datang ke Indonesia 사야 다땅 끄 인도네시아	tahun yang lalu 따훈 양 랄루 .	작년에 인도네시아에 왔습니다.
	2 tahun yang lalu 두아 따훈 양 랄루	2년 전에 〃
	3 minggu yang lalu 띠가 밍구 양 랄루	3주 전에 〃

무슨 일로

Ada urusan apa Anda datang ke Indonesia?
아다 우루산 아빠 안다 다땅 끄 인도네시아

당신은 인도네시아에 무슨 일로 오셨습니까?

···› Saya datang ke Indonesia untuk
사야 다땅 끄 인도네시아 운뚝
저는 인도네시아에

Saya datang ke Indonesia untuk	berjalan-jalan 버르잘란-잘란	. 여행하러 왔습니다.
	cucimata 쭈찌마따	관광하러 왔습니다
	urusan bisnis 우루산 비즈니스	사업차 왔습니다.
	kerja 꺼르자	일하러 왔습니다.
	belajar 블라자르	공부하러 왔습니다.

▸ Saya datang ke Indonesia untuk ______________ .

저는 인도네시아에 __________ 하러 왔습니다.

belanja
블란자
쇼핑하다

bertemu teman
버르뜨무 뜨만
친구를 만나다

mengunjungi saudara
믕운중이 사우다라
친척을 방문하다

관광

1. 자카르타 Jakarta

독립기념탑 - 모나스 Monas

독립기념광장 중앙에 위치한 높이 132m의 독립기념탑은 인도네시아 독립(1945년 8월 17일)을 기념하기 위해 제작되었다.
탑 꼭대기에는 전망대가 있어 자카르타의 시내를 한 눈에 볼 수 있다. 탑 지하에는 네덜란드와 일본으로부터의 인도네시아의 독립과정을 파노라마로 꾸몄다.

따만 미니 인도네시아 인다 Taman Mini Indonesia Indah

Taman Mini Indonesia Indah 는 아름다운 인도네시아의 작은 공원이란 뜻으로 공원에 인도네시아 27개 주의 각 지방의 전통가옥을 미니어쳐로 꾸며 놓았으며, 각 지방 전통의상, 문화, 소품 등이 진열되어 있다.
우리나라의 민속촌을 방불케 하는 이곳은 인도네시아 전체를 한 눈에 볼 수 있도록 만들어져 인도네시아인들뿐만 아니라 관광객들에게도 가장 각광받는 곳이다.

그림자 인형극 박물관 - 무세움 와양 Museum Wayang

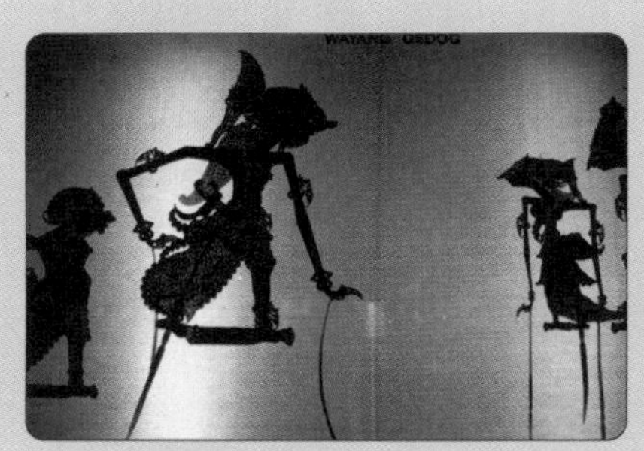

무세움 와양은 그림자 인형극 박물관으로 그림자 인형극에 쓰이는 수많은 인형캐릭터들이 전시되어 있다. 인도네시아에서부터 캄보디아, 중국, 말레이시아의 다양한 인형캐릭터들이 전시되어 있다. 또한, 인도네시아의 대표적인 그림자 인형극 **Wayang Kulit** 와양 꿀릿 과 나무인형극 **Wayang Golek** 와양 골렉 공연을 한다.

따만 임삐안 자야 안쫄 Taman Impian Jaya Ancol

300헥타르에 이르는 따만 임삐안 자야 안쫄은 인도네시아인들이 즐겨 찾는 유원지이다. 이 유원지를 줄여서 안쫄이라고 부른다.
유원지에는 인도네시아 회화, 조각 및 공예품을 파는 상점과 예술품 전시 등으로 이루어진 예술 시장인 Pasar seni 빠사르 스니 부터 어린 아이들을 위한 수족관과 미국의 디즈니 랜드를 연상시키는 놀이동산인 Dunia Fantasi 두니아 판타지, 어른을 위한 골프장, 요트장, 풀장과 볼링장 등 스포츠 시설과 디스코텍 등 유흥시설이 있다.

고산휴양지 – 뿐짝 Puncak

자카르타에서 2시간 정도 소요되며, 고산지대로 우리나라 보성의 녹차밭을 연상케 한다. 시원하여 인도네시아인들이 즐겨 찾는 휴양지로 주변에 다양한 종류의 모텔이 많고, 뿐짝에 올라가는 도로 주위에 많은 잡상인과 여러 종류의 음식점이 줄지어 있다. 간식 중에서는 옥수수 구이가 특징적이다.

2. 족야까르타 Yogyakarta

*줄여서 족자 (Yogya)

보로부두르 불교사원 – 짠디 보로부두르 Candi Borobudur

전통 자바 문화가 제일 잘 보존돼 있는 족자카르타에는 3대 불교 유적인 보로부두르 불교사원과 쁘람바난 힌두사원 등 고대 자바 유적이 많아 인도네시아 관광의 핵심이다. 단일 건축물로는 세계 최대 규모인 보로부두르 사원은 산스크리트어로 높은 언덕에 있는 사원이란 의미로 벽에 새겨진 그림들이 한층 한층 사원을 올라가면서 속세에서 부처의 탄생부터 불교의 극락에 이르는 해탈의 과정을 묘사하여 불교의 우주관을 표현했다.

쁘람바난 힌두사원 – 짠디 쁘람바난 Candi Prambanan

9세기 중반경 마따람 흰두 왕국에 의해 세워진 쁘람바난 사원은 크고 작은 200여 개의 사원으로 이루어져 있다. 그 중에서 가장 대표적인 사원은 중앙에 위치한 높이 47m에 이르는 시바 사원 **Candi Siwa Mahadewa** 짠디 시와 마하데와 이다. 시바 사원 벽을 장식하고 있는 부조는 고대 인도 서사시 라마나야의 이야기가 새겨져 있다.

3. 발리 Bali

꾸따 & 르기안 Kuta & Legian

발리 남부에 위치하는 꾸따는 발리의 가장 큰 해변으로 항상 관광객들로 북적인다. 공항에 인접해 있는 꾸따 해변 주위에는 최고급 럭셔리 호텔부터 홈스테이에 이르는 다양한 숙박시설이 밀집해 있고, 각양각색의 레스토랑, 클럽, 바, 상점 등이 많다.
꾸따의 북쪽에 위치한 르기안은 꾸따보다는 조용하며, 르기안의 좁은 도로 주변에는 작은 호텔들, 기념품 파는 노점상, 포장마차 등이 즐비해 있다.

Pelajaran 11

할로. 사야 슨디리

Halo. Saya sendiri!

여보세요. 접니다!

Susi

할로

Halo.

Budi

할로. 비사 비짜라 등안 부 리나

Halo. Bisa bicara dengan Bu Lina?

빼르미시, 이니 시아빠

Permisi, ini siapa?

이니 부디 라맛

Ini Budi Rahmat.

뚱구 스븐따르

Tunggu sebentar.

오께

Ok.

빡 부디, 부 리나 스당 끌루아르

Pak Budi, Bu Lina sedang keluar.

디아 아깐 끔발리 끼라 끼라 잠 들라빤

Dia akan kembali kira-kira jam 8.

깔라우 브기뚜, 사야 아깐 뗄레뽄 라기 끼라 끼라 잠 슴빌란

Kalau begitu, saya akan telepon lagi kira-kira jam 9.

바익. 사야 아깐 브리따후깐 디아 깔라우 빡 부디 므넬레뽄

Baik. Saya akan beritahukan dia kalau Pak Budi menelepon.

뜨리마 까시.

Terima kasih.

수시	여보세요.
부디	여보세요. 리나씨와 통화할 수 있을까요?
수시	실례지만, 누구십니까?
부디	부디 라맛이라고 합니다.
수시	잠시만 기다리세요.
부디	네.
수시	부디씨, 리나씨는 외출중입니다. 8시 정도 돌아올겁니다.
부디	그럼, 9시쯤 다시 전화하겠습니다.
수시	알겠습니다. 저도 리나씨께 부디씨가 전화했었다고 전해드리겠습니다.
부디	고맙습니다.

단어

- □ **sendiri** 슨디리 자신, 본인(의)
- □ **halo** 할로 여보세요
- □ **(ber)bicara** (버르)비짜라 말하다
- □ **dengan** 등안 ~와/과
- □ **tunggu** 뚱구 기다리다
- □ **sebentar** 스븐따르 잠시
- □ **sedang** 스당 ~하는 중이다
- □ **keluar** 끌루아르 외출하다
- □ **kembali** 끔발리 돌아오다(가다)
- □ **kira-kira** 끼라 끼라 대략
- □ **kalau begitu** 깔라우 브기뚜 그러면
- □ **telepon** 뗄레뽄 전화, 전화하다
- □ **beritahukan** 브리따후깐 알리다, 알려주다
- □ **kalau ada** 깔라우 아다 ~있으면, ~있었다고, ~있다고
- □ **Terima kasih** 뜨리마 까시 고맙습니다.

아주 쉬운 해설

Halo 여보세요

전화를 걸거나 전화를 받을 때 Halo. 할로 여보세요 라고 말하며, 영어의 hello를 인도네시아식으로 표현한 것이다.

전화를 걸 때	할로. 이니 줄리 Halo. Ini Julie.	여보세요. 저는 줄리라고 합니다.
전화를 받을 때	할로. 사야 슨디리 Halo. Saya sendiri.	여보세요. 접니다.

Permisi 실례합니다

permisi 뻐르미시 는 영어의 excuse me와 같으며, **실례합니다** 를 뜻한다. 상대방에게 공손히 질문할 때 permisi를 말하고 질문을 한다.

뻐르미시, 볼레 사야 따냐
Permisi, boleh saya tanya?
실례지만, 질문해도 될까요?

뻐르미시, 볼레 사야 빠께이 인떠르넷 스븐따르
Permisi, boleh saya pakai internet sebentar?
실례지만, 잠깐 인터넷을 써도 될까요?

또한, 대화 도중에 먼저 가야할 때 Permisi, saya pergi dulu. 빠르미시 사야 빠르기 둘루 라고 말한다. 직역하면 저 먼저 실례합니다인데, **저 먼저 가보겠습니다** 란 뜻이다.

구어체로 **저 먼저 가보겠습니다** 를 Saya duluan ya. 사야 둘루안 야 라고 말하며, 이때 ya 를 가볍게 올려서 말한다.

Bisa bicara dengan Bu Lina? 리나씨를 바꿔주시겠습니까?

dengan 등안 은 **~와 함께, ~와 같이** 로 영어 with에 해당하며 Bisa bicara dengan Bu Lina?는 **리나씨와 통화할 수 있을까요?** 라고 해석한다.

Ini siapa? 누구십니까?

전화에서, 상대방에게 **누구세요?**라고 물을 때는 **Ini siapa?** 이니 시아빠 라고 한다.

예 이니 부디 라맛
Ini Budi Rahmat. 부디 라맛이라고 합니다.

이니 율리우스
Ini Yulius. 율리우스라고 합니다.

sedang ~하는 중

sedang은 영어의 -ing로 **~하는 중입니다** 란 뜻으로 진행형을 나타낸다.

진행형

예 부 뚜띠 스당 멍오브롤 등안 뜨땅가
Bu Tuti sedang mengobrol dengan tetangga.
뚜띠씨는 이웃집 사람과 수다떨고 있다.

* mengobrol 멍오브롤 수다떨다
tetangga 뜨땅가 이웃집 사람

빡 하디 스당 버르디스꾸시 등안 쁘레지덴 디렉뚜르
Pak Hadi sedang berdiskusi dengan presiden direktur.
하디씨는 사장님과 의논을 하고 있다.

* berdiskusi 버르디스꾸시 의논하다, 토론하다

비교 구어체에서 ~하는 중입니다를 lagi로도 표현한다.
원래 lagi 는 다시 란 뜻인데, 구어체는 **~하는 중입니다**로 쓰인다.

예 디아 라기 만디
Dia lagi mandi. 그녀는 샤워중이다.

디아 라기 비낀 꾸에
Dia lagi bikin kue. 그녀는 쿠키를 만들고 있다.

* mandi 만디 샤워하다, 목욕하다
bikin 비낀 만들다, kue 꾸에 쿠키

전화할 때 사용하는 표현

1 전화에서 상대방을 찾을 때

Apakah ada Pak Yanto?
아빠까 아다 빡 얀또
얀또 씨 계십니까?

Pak Yanto ada?
빡 얀또 아다
얀또 씨 있어요?

Bisa bicara dengan Pak Yanto?
비사 비짜라 등안 빡 얀또
얀또 씨와 통화할 수 있을까요?

Tolong sambungkan dengan Pak Yanto.
똘롱 삼붕깐 등안 빡 얀또
얀또 씨를 연결해주세요.

Saya mau berbicara dengan Pak Yanto.
사야 마우 버르비짜라 등안 빡 얀또
얀또 씨와 통화하고 싶습니다.

2 전화를 바꿔주거나 사람이 없을 때

Ini dari mana?
이니 다리 마나
어디 누구세요?

Bu Santi sedang ditelepon.
부 산띠 스당 디뗄레뽄
산띠씨는 통화중입니다.

Ini siapa?
이니 시아빠
누구세요?

Bu Santi lagi online.
부 산띠 라기 온라인
산띠씨는 통화중입니다.

요즘 인도네시아에서 **통화중**이라고 쓰는 표현. 

Bu Santi sedang keluar. 산띠씨는 외출중입니다.
부 산띠 스당 끌루아르

Bu Santi tidak ada di sini. 산띠씨는 여기 없습니다.
부 산띠 띠닥 아다 디 시니

Salah sambung. 전화 잘못 걸었습니다.
살라 삼붕

대화문

A : Boleh saya tinggalkan pesan? 메모 남겨도 될까요?
볼레 사야 띵갈깐 쁘산

B : Ya, boleh. Pesannya apa? 네, 됩니다. 뭐라고 전할까요?
야, 볼레. 쁘산냐 아빠

A : Minta Bu Santi telepon kembali ke saya ya.
민따 부 산띠 뗄레뽄 끔발리 꺼 사야 야
산띠씨에게 저한테 전화걸어달라고 전해주십시요.

문장 끝의 ya는 부드러운 어감과 **친근감**을 준다. 

B : Nanti saya sampaikan. 이따가 전해드리겠습니다.
난띠 사야 삼빠이깐

* **tinggalkan** 띵갈깐 남기다
sampaikan 삼빠이깐 전해주다

3 기타

Tidak kedengaran. Bisa bicara lebih keras?
띠닥 끄등아란. 비사 비짜라 르비 끄라스
전화가 안 들립니다. 크게 말씀해 주세요.

Saya akan telepon lagi.
사야 아깐 뗄레뽄 라기
나중에 다시 걸겠습니다.

Bu Tuti! Ini ada telepon.
부 뚜띠. 이니 아다 뗄레뽄
뚜띠 씨! 전화 왔어요.

Maaf. Salah sambung.
마아프. 살라 삼붕
죄송합니다. 잘못 걸었습니다.

대화문 전화로이메일주소 물어보기

A : Boleh tahu alamat emailnya apa, Pak?
볼레 따후 알라맛 이메일냐 아빠, 빡
남성에게 물을 때 이메일 주소 좀 알 수 있을까요?

B : korea @ gmail.com
꼬레아 앳 지메일 닷 꼼
korea@gmail.com입니다.

A : Kurang jelas. Bagaimana?
꾸랑 즐라스. 바게이마나
잘 모르겠습니다. 뭐라구요?

B : koran orang rindu enak alfa akeong gmeil titik kom
꼬란 오랑 린두 에낙 알파 아께옹 지메일 띠딕 꼼
korea@gmail.com입니다.

* akeong 아께옹 @
titik 띠띡 •

우리나라에서는 골뱅이라고 말하는 것처럼 인도네시아도 @를 아께옹이라고 하기도 한다. 

인터넷 주소를 말할 때 우리나라에서는 앵두의 "ㅇ" 이렇게 설명하지만
인도네시아에서는 첫 알파벳이 같은 알파벳으로 시작하는 단어를 열거해서 말한다. 

전화와 인터넷

인도네시아에는 공중전화가 있지만 잘 보급되어 있지 않아 공항, 백화점, 쇼핑몰 등과 같은 곳을 제외한 거리 곳곳에서는 찾기가 힘들다.
인도네시아인들은 전화방을 의미하는 wartel 와르텔 에서 주로 전화를 한다.

＊warung 와룽 + telephon 텔레폰 의 합성어 : wartel

인도네시아의 인터넷은 광케이블이 대중화되지 않아 느린편이다. 인도네시아인들은 우리나라 PC방과 같은 warnet 와르넷 혹은 Intemet cafe 인터넷 카페 에서 주로 인터넷을 즐긴다. 도시에서는 이용료가 대략 1시간당 6.000 루피아에서 15.000 루피아 정도 한다.

＊ warung 와룽 + Intemet 인터넷 의 합성어 : warnet 와르넷

Pelajaran 12

이니 하르가냐 브라빠

Ini harganya berapa?

이것은 얼마입니까?

아다 양 비사 사야 반뚜

Pelayan Toko: Ada yang bisa saya bantu?

빠르미시 (음)박, 똘롱 빠를리핫깐 사야 바주 이뚜

Susi: Permisi Mbak, tolong perlihatkan saya baju itu.

야, 이니. 실라깐 믄쪼바냐

Ya, ini. Silakan mencobanya.

오, 이니 떠를랄루 끄찔. 아다 양 르비 브사르 스디낏

Oh, Ini terlalu kecil. Ada yang lebih besar sedikit?

야, 아다. 아다 주가 와르나 양 라인

Ya, ada. Ada juga warna yang lain.

하르가냐 브라빠

Harganya berapa?

들라빤 뿔루 리부 루삐아

80.000 rupiah.

와, 떠를랄루 마할. 비사 꾸랑이 스디낏

Wah, terlalu mahal. Bisa kurangi sedikit?

야, 깔라우 브기뚜, 사야 까시 뚜주 뿔루 리부 루삐아

Ya, kalau begitu, saya kasih 70.000 rupiah.

깔라우 브기뚜, 똘롱 버리깐 사야 슬름바르 바주 양 버르와르나

Kalau begitu, tolong berikan saya selembar baju yang berwarna

비루 우꾸란 엘

biru ukuran L.

점원	무엇을 도와드릴까요?
수시	실례지만, 언니 여점원 부를 때, 저 옷을 보여주세요.
점원	네, 여기있습니다. 한 번 입어보세요.
수시	어, 너무 작네요. 좀 더 큰 것이 있습니까?
점원	네, 있어요. 다른 색깔도 있어요.
수시	가격은 얼마입니까?
점원	80,000 루피아 입니다.
수시	와, 너무 비싸군요. 조금 깎아주세요.
점원	네, 그러면 70,000루피아에 드리겠습니다.
수시	그럼, 파란색 라지(L)사이즈로 한 벌 주십시오.

단어

- □ **pelayan (toko)** 쁠라얀(또꼬) (가게) 점원
- □ **bantu** 반뚜 돕다
- □ **tolong** 똘롱 ~해 주세요 영어의 please
- □ **perlihatkan** 빠를리핫깐 보여주다
- □ **baju** 바주 옷
  baju itu 바주 이뚜 저 옷
- □ **silakan** 실라깐 부디, 어서 ~하십시요
- □ **mencoba** 믄쪼바 시도하다, ~해보다
- □ **oh** 오 오 감탄사
  유감의 뜻을 나타내는 소리
- □ **terlalu** 떠를랄루 너무
- □ **kecil** 끄찔 작은
- □ **lebih** 르비 더 ~한
- □ **besar** 브사르 큰
- □ **sedikit** 스디낏 조금, 약간
- □ **warna** 와르나 색깔
- □ **lain** 라인 다른
  warna yang lain 와르나 양 라인 다른 색
- □ **harga** 하르가 가격
- □ **rupiah** 루삐아 루피아
  인도네시아 화폐 단위
- □ **wah** 와 와! 감탄사
- □ **mahal** 마할 비싼
- □ **kurangi** 꾸랑이 줄이다, 깎다
- □ **kasih** 까시 주다
- □ **berikan** 브리깐 주다
- □ **selembar** 슬름바르 한 벌, 한 장
- □ **berwarna** 버르와르나 색깔이 있는
- □ **biru** 비루 파란색
- □ **ukuran** 우꾸란 사이즈

아주 쉬운 해설

Tolong~ (부탁할 때) ~해 주세요.

Tolong 똘롱 은 상대방에게 부탁할 때 ~해 주세요란 뜻으로 영어의 please에 해당한다.

1. 긍정문 Tolong(똘롱) + 동사 V + (주어 S) + 목적어

(~에게) ~를 해 주세요

똘롱	빵길깐	독떠르	
Tolong	+ panggilkan	+ dokter.	의사를 불러 주세요.
~해 주세요	부르다	의사	

똘롱 뚤리스깐 알라맛 이메일 디 시니
예 Tolong tuliskan alamat email di sini. 여기에 이메일 주소를 써주세요.

＊ tuliskan 뚤리스깐 써주다

똘롱 뻐를리핫깐 (사야) 쯜라나 뻰덱 이뚜
Tolong perlihatkan (saya) celana pendek itu.
저 반바지를 (저에게) 보여주세요.

＊ perlihatkan 뻐를리핫깐 보여주다, 나타내 보이다

동사원형 lihat에 per-kan이 붙어 보여주다란 뜻이 된다. 

똘롱 버르헌띠깐 디 시니
Tolong berhentikan di sini. 여기서 세워주세요.

＊ berhentikan 버르헌띠깐 세우다, 멈추게 하다

구어체에서는 -kan을 빼고 Tolong berhenti di sini. 여기서 세워주세요.라고도 한다. 

똘롱 안따르깐 끄 멀
Tolong antarkan ke mall. 몰까지 데려다 주세요.

＊ antarkan 안따르깐 데려다주다

2. 부정문

장안 Jangan + 버리식 berisik. 시끄럽게 하지 마시오.(=조용히 하세요.)
~하지 마시오 / 떠들다 — 도서관, 병원에서

장안 도롱
예 Jangan dorong. 밀지 마세요.

버스 내부에는 안내원이 있어 승객이 정류장에서 내릴 때 안내를 해준다.
차량 안 승객이 안내원을 밀 때 안내원은 **Jangan dorong.** 밀지 마세요.라고 말한다.

장안 므냘라깐 므신 빠다 왁뚜 믕이시 베베엠
Jangan menyalakan mesin pada waktu mengisi BBM.
주유시 엔진을 꺼 주세요.

* **menyalakan** 므냘라깐 켜다
mengisi 믕이시 채우다
mesin 므신 엔진

BBM은 Bahan Bakar Minyak 바한 바까르 미냑 의 줄임말로 **연료**란 뜻이다.

장안 기뚜 동
Jangan gitu dong. 그러지 마세요.

gitu는 begitu의 줄임말로 **그렇게**란 뜻이며,
dong은 애교석인 말투로 부탁하거나 물을 때 쓰는 표현이다.

Silakan~ 권할 때 **(어서) ~하세요.**

Silakan 실라깐 은 상대방에게 권할 때 부디, 어서 ~하세요란 뜻이다.

실라깐 믄쪼바냐
예 Silakan mencobanya. (어서) 입어보세요.

mencobanya는 동사원형 mencoba뒤에 3인칭을 의미하는 nya가 붙은 것으로 직역하면 **그것을 입어보다**가 된다. 

실라깐 마깐
Silakan makan. (어서) 드세요.

* makan 마깐 먹다

실라깐 마숙
Silakan masuk. (어서) 들어오세요.

* masuk 마숙 들어오다

실라깐 두둑
Silakan duduk. (어서) 앉으세요.

* duduk 두둑 앉다

lebih~ 더 ~한

lebih 르비 더 ~한이란 뜻으로 비교급을 표현할 때 사용한다. 이 때 비교하는 대상을 나타낼 때 ~보다란 뜻의 daripada 다리빠다 를 뒤에 놓는다.

르비 브사르 다리빠다 이뚜
예 lebih besar daripada itu 저것보다 더 큰

* besar 버사르 큰

르비 마할 다리빠다 이니
lebih mahal daripada ini 이것보다 더 비싼

* mahal 마할 비싼

르비 롱가르 다리빠다 쯜라나 이니
lebih longgar daripada celana ini 이 바지보다 더 헐렁한

* longgar 롱가르 헐렁한
celana 쯜라나 바지

형용사 2

-nya　　3인칭 혹은 의미가 없는 구어체 표현

-nya는 두가지 형태가 있다.

❶ 3인칭을 나타내는 -nya

harganya는 원형 harga 하르가 에 3인칭을 나타내는 -nya가 붙어 이것의 가격을 의미한다.

예) 우무르냐 브라빠
Umurnya berapa? 그의 나이는 몇 살입니까?

Umur + nya : 그의 나이는

까따냐, 디아 솜봉
Katanya, dia sombong. 그녀가 말하길, 그는 거만하대.

kata + nya : 그녀가 말하길 

＊kata 까다 말하다
sombong 솜봉 거만한

❷ 기타표현

-nya는 구어체로 문장을 자연스럽게 연결해주는 역할을 한다.

뚜뜹냐 잠 브라빠
예 Tutupnya jam berapa? 몇 시에 닫아요?

바주냐 바와 브라빠 름바르
Bajunya bawa berapa lembar? 옷 몇 벌 가져왔나요?

* baju 바주 옷
bawa 바와 가져오다

수량사

명사를 나타내는 다양한 수량사를 알아보자.

숫자 + 수량사 + 명사

5 + lembar (름바르) + baju (바주) 옷 5벌

5 ~벌 옷

lembar 름바르 ~장 종이, 옷

두아 름바르 바주
예 2 lembar baju 옷 2 벌

* baju 바주 상의

띠가 름바르 꺼르따스
3 lembar kertas 종이 3 장

* kertas 꺼르따스 종이

사뚜 름바르 까르뚜 나마
1 lembar kartu nama 명함 1 장

* kartu nama 까르뚜 나마 명함

수량사에 1을 뜻하는 **satu**를 **se**로 줄여서 수량사 바로 앞에 붙여 **한~** 이라고도 표현할 수 있다.

se + 수량사
명사
슬름바르
바주
selembar + baju
1벌
옷

옷 1 벌

슬름바르 까르뚜 나마
Selembar kartu nama　　명함 1 장

unit 우닛

~대 자동차

예 띠가 우닛 모빌
3 unit mobil　　차 3 대

* **mobil** 모빌 차

gelas 글라스

~잔 유리컵

예 으남 글라스 코카 콜라
6 gelas coca cola　　콜라 6 잔

botol 보똘

~병 유리병

예 두아 보똘 비르
2 botol bir　　맥주 2 병

* **bir** 비르 맥주

cangkir 짱끼르

~잔 찻잔

예 사뚜 짱끼르 꼬삐
1 cangkir kopi　　커피 1 잔

스짱끼르 꼬삐
= secangkir kopi　　커피 1 잔

* **kopi** 꼬삐 커피

porsi 뽀르시 ~접시, 인분

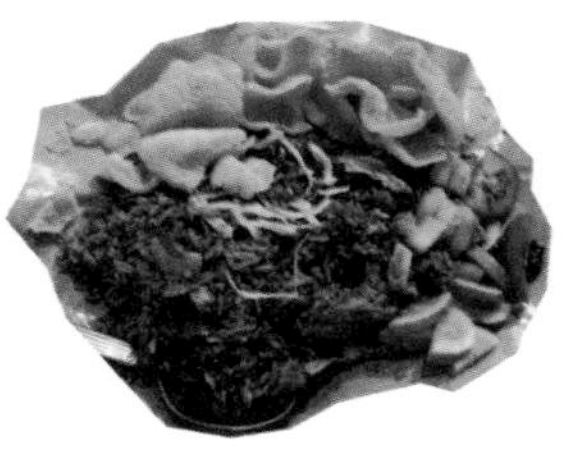

예 사뚜 뽀르시 나시 고렝
1 porsi nasi goreng　　볶음밥 1 접시

스뽀르시 나시 고렝
seporsi nasi goreng　　〃

*nasi goreng 나시 고렝 인도네시아 볶음밥

bungkus 붕꾸스 ~갑 담배, ~봉지 음료

예 사뚜 붕꾸스 로꼭
1 bungkus rokok　　담배 1 갑

*rokok 로꼭 담배

스붕꾸스 로꼭
sebungkus rokok　　〃

두아 붕꾸스 떼 보똘
2 bungkus teh botol　　떼 보똘 2 봉지

teh botol 떼 보똘 은 인도네시아인들이 마시는 달달한 **티 음료수**로 코카콜라처럼 병으로 파는데, 길거리를 지나가다 구멍가게나 노점상에서시원한 **teh botol**을 즐겨 사먹는다. 이 때 상점주인은 병에 담아 있는 **teh botol**음료를 봉지에 따라 담아주는데, 봉지를 셀 때 위와 같이 말한다.

6. sedikit　　약간, 조금

약간, 조금이란 뜻으로 정도를 나타내는 부사이다. 동사, 형용사 앞에 놓여 **좀 더 ~한**으로 표현할 수 있다.

스디낏
sedikit +  / 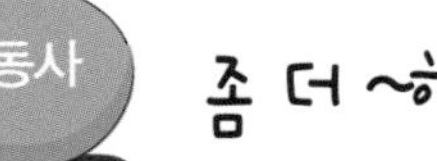 좀 더 ~한

예 스디낏 브사르
sedikit besar　　좀 큽니다. (좀 큰)

스디낏 자우
sedikit jauh　　좀 멉니다. (좀 먼)

스디낏 라빠르
sedikit lapar　　좀 배고픕니다. (좀 배고픈)

인도네시아에서 통하는 회화따라하기

색깔

Ini warna apa?
이니 와르나 아빠
이것은 무슨 색입니까?

Ini warna putih.
이니 와르나 뿌띠
이것은 흰색입니다.

색깔 ▸ Ini warna ______________ . 이것은 __________ 색 입니다.

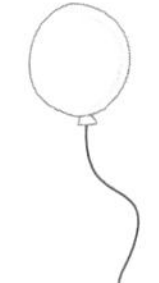	putih 뿌띠 흰색		hitam 히땀 검정		merah 메라 빨강	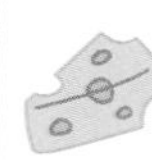	kuning 꾸닝 노랑
	biru 비루 파랑		hijau 히자우 녹색		ungu 웅우 보라		pink 삥 핑크
	coklat 쪼끌랏 갈색		emas 으마스 금		perak / silver 뻬락 / 실버르 은		abu-abu 아부 아부 회색

잘 듣고 따라해 보세요~

물건찾기

Apakah ada topi?
아빠까 아다 또삐
모자 있습니까?

*topi 또삐 모자

Apakah ada 아빠까 아다	warna yang lain 와르나 양 라인	?	다른 색	있습니까?
	ukuran yang lain 우꾸란 양 라인		다른 사이즈	〃
	yang lebih murah 양 르비 무라		더 싼 것은	〃
	yang lain 양 라인		다른 것	〃

*murah 무라 싼

기타 여러가지 표현

Cuma lihat-lihat saja.
쭈마 리핫 리핫 사자
그냥 구경하는 겁니다.

*cuma 쭈마 오직, 단지
lihat-lihat 리핫 리핫 보다

Bisa kurangi sedikit?
비사 꾸랑이 스디낏
좀 깎아 주세요.

Saya mau yang ini.
사야 마우 양 이니
이것을 주세요.

*mau 마우 원하다

Saya tidak mau beli ini.
사야 띠닥 마우 블리 이니
이것은 사고 싶지 않습니다.

*beli 블리 사다

Bisa saya membayar dengan dolar?
비사 사야 멈바야르 등안 돌라르
달러로 계산할 수 있습니까?

*membayar 멈바야르 계산하다, 지불하다
dolar 돌라르 달러

인도네시아는 재래시장, 각 지방 특산물, 공예품, 은세공품 상점부터 세계적으로 유명한 비싼 명품 브랜드와 부띠끄 제품을 파는 고급 쇼핑몰 등 다양한 종류의 쇼핑센터가 많다.
재래시장의 물품 가격은 흥정으로 결정된다. 대개 시장과 상점 주인들은 외국인에게 터무니 없이 높은 가격으로 흥정을 하므로 처음부터 반을 깎아서 흥정을 시작하는 것이 좋다. 반면에 중·고급 백화점과 쇼핑몰은 가격정찰제를 실시하여 가격을 흥정할 수 없다. 인도네시아에서 판매되는 세계적인 명품 브랜드 제품들은 대체로 우리나라와 가격이 거의 비슷하거나 조금 싼 편이다.

쇼핑몰과 백화점

인도네시아 쇼핑몰과 백화점은 우리나라의 코엑스 몰을 연상시키는 쇼핑몰부터 아이스링크가 있는 잠실 롯데 백화점, 초호화 고급 브랜드만을 파는 압구정동의 갤러리아 백화점과 같이 다양한 종류가 있다. 아파트를 끼고 있는 **Taman Anggrek** 따만 앙그렉 은 자카르타 서부에 위치한 쇼핑몰로 주로 유명한 외국 브랜드 매장이 있으며, 아이스링크, 영화관, 전자오락실 등이 있어 젊은이들에게 인기가 많다.

거대한 규모와 호화스러운 인테리어가 특징적인 **Plaza Senayan** 플라자 스나얀 백화점과 자카르타 최고 부촌인 **Pondok Indah** 뽄독 인다 에 위치한 뽄독 인다 쇼핑몰 **Mall Pondok Indah** 몰 뽄독 인다 은 유명 고급 브랜드를 주로 판다.
최근에 건립된 **Senayan City** 스나얀 시티 는 주로 줄여서 **Sen Ci** 슨 찌 라고 부른다. 슨찌 쇼핑몰은 전세계 고급브랜드부터 **Banana Republic**과 같은 중저가브랜드 등 많은 브랜드가 들어와 있으며, 최근 젊은이들에게 많은 인기를 얻고 있다.

전문점 및 상점

족자의 말리오보로 거리 **Jalan Malioboro** 잘란 말리오보로 는 인도네시아 전통 염색천인 바틱으로 만든 옷과 가방을 비롯하여 가죽 제품, 그림자 인형극에 쓰이는 인형 등 기념품과 특산품을 파는 전문점, 상점과 노점상 등이 몰려 있다. 족자의 브링하르조 거리 **Jalan Beringharjo** 잘란 브링하르조 에 있는 시장은 가격이 저렴한 바틱 제품이 유명하며, 은 제품으로 유명한 **Kota Gede** 꼬따 그데는 다양한 스타일의 은 제품을 구매할 수 있다.

똘롱 브리깐 머누 마까난

Tolong berikan menu makanan.

메뉴 좀 주세요.

음식점에서 주문하기

Pelayan

마우 쁘산 아빠, 부
Mau pesan apa, Bu?

Susi

똘롱 브리깐 머누 마까난
Tolong berikan menu makanan.

이니 므누냐, 실라깐
Ini menunya, silakan.

빡 민수, 바빡 마우 마깐 아빠
Pak Min-su, Bapak mau makan apa?

Min-su

떠르스라 사자
Terserah saja!

깔라우 브기뚜, 민따 사뚜 뽀르시 나시 고렝, 사뚜 뽀르시 사떼 아얌,
Kalau begitu, minta 1 porsi nasi goreng, 1 porsi sate ayam,

단 땀바 사뚜 뽀르시 미 고렝
dan tambah 1 porsi mie goreng.

나시고렝
nasi goreng
볶음밥

미고렝
mie goreng
볶음면

마우 미눔 아빠, 부
Mau minum apa, Bu?

민따 사뚜 보똘 꼬까 꼴라. 깔라우 빡 민수
Minta 1 botol coca cola. Kalau Pak Min-su?

사야 주가 민따 사뚜 보똘 꼬까 꼴라
Saya juga minta 1 botol coca cola.

Track 43

음식점에서 주문하기

종업원	주문하시겠습니까?
수시	메뉴 좀 주세요.
종업원	여기 있습니다.
수시	민수씨, 무엇을 드시고 싶으십니까?
민수	좋을대로 하세요!
수시	그럼, 나시고렝 1 인분과 닭꼬치구이 1 인분 주세요. 그리고 미고렝도 하나 추가할게요.
종업원	음료는 무엇으로 하시겠습니까?
수시	콜라 한 병 주세요. 민수씨는요?
뚜띠	저도 콜라 한 병 주세요.

계산할 때

민따 본
Minta bon.

이니 본냐. 스무아냐 또딸 스라뚜스 리부 루삐아
Ini bonnya. Semuanya total 100.000 rupiah.

볼레 빠까이 까르뚜
Boleh pakai kartu?

야. 볼레
Ya, boleh.

이니. 민따 노따
Ini. Minta nota.

계산할 때

수시	계산서 좀 주세요.
종업원	여기 있습니다. 모두 100,000 루피아입니다.
수시	(신용)카드를 사용해도 됩니까?
종업원	네, 됩니다.
수시	여기 있습니다. 영수증 좀 주세요.

단어

- □ **tolong** 똘롱 ~해 주세요
- □ **berikan** 브리깐 주다
- □ **menu makanan** 므누 마까난 음식 메뉴
  = **dafter makanan** 다프따르 마깐안(마까난)
- □ **pesan** 쁘산 주문하다, 주문
- □ **menunya** 므누냐 메뉴
- □ **makan** 마깐 먹다
- □ **terserah** 떠르스라 좋을대로 하세요
- □ **minta** 민따 부탁하다, 요구하다
- □ **porsi** 뽀르시 그릇, 접시, ~인분
- □ **nasi goreng** 나시 고렝 인도네시아식 볶음밥
- □ **sate ayam** 사떼 아얌 닭꼬치구이
- □ **tambah** 땀바 추가하다, 추가
- □ **mie goreng** 미 고렝 볶음면
- □ **minum** 미눔 마시다
- □ **botol** 보똘 병
- □ **coca cola** 꼬까 꼴라 코카 콜라
- □ **bon** 본 계산서
- □ **semuanya** 스무아냐 모두
  semua + -nya
- □ **total** 또딸 합계, 총액
- □ **boleh** 볼레 ~해도 좋다
- □ **pakai** 빠까이 사용하다
- □ **kartu** 까르뚜 신용카드
- □ **nota** 노따 영수증

13

아주 쉬운 해설

Mau pesan apa? 무엇을 주문하시겠습니까?

pesan 쁘산 은 **주문하다, 주문**이란 뜻으로 음식점에서 종업원이 주문을 받을 때 쓰는 표현이다. 손님이 남성일 때는 남성에 대한 경칭인 Pak 빡 을, 여성일 때는 여성에 대한 경칭인 Bu 부 를 문장 뒤에 놓는다.

▶ 남성에게 말할 때

무엇을 주문하시겠습니까? 마우 쁘산 아빠, 빡 Mau pesan apa, Pak?

▶ 여성에게 말할 때

무엇을 주문하시겠습니까? 마우 쁘싼 아빠, 부 Mau pesan apa, Bu?

Terserah saja! 좋은 대로 하세요!(마음대로 해!)

상대방이 먹을 음식, 약속 장소 등과 같이 무엇을 정하자고 할 때 상대방이 편한 대로 맞추겠다고 대답할 때 사용하는 표현이다.

예 바빡 마우 마깐 아빠 Bapak mau makan apa? 무엇을 드시고 싶으십니까?

···› 떠르스라 사자 Terserah saja. 좋은 대로 하세요.

끼따 버르뜨무 디 마나 Kita bertemu di mana? 우리 어디서 만날까?

···› 떠르스라 Terserah. 마음대로 해.

친한 친구끼리는 saja를 생략해서 말하며, 좋은 대로 해(마음대로 해)란 뜻이 된다. 

minta 청하다, 요구하다, 부탁하다

minta 민따 는 청하다, 요구하다, 부탁하다란 뜻으로, 간단하게 무엇을 요청하거나 부탁할 때 쓰는 표현이다.

민따
Minta + 명사 ~을 주세요!

예 민따 센독
Minta sendok. 숟가락 주세요.

민따 아이르 뿌띠
Minta air putih. 물 주세요.

민따 사뚜 코카 콜라 라기
Minta 1 coca cola lagi. 콜라 하나 더 주세요

민따 우앙
Minta uang. 돈 좀 주세요.

Tolong 똘롱

말하는 사람보다 윗사람이나 지위가 높은 사람에게 ~을 달라고 요청할 때는 please를 의미하는 tolong을 앞에 놓으며, 이 때에는 ~을 주십시오.란 뜻이 된다.

똘롱
Tolong + 명사 ~을 주세요!

예 똘롱 디까바리
Tolong dikabari. 답변 부탁드립니다.
이메일이나 회사에 지원할 때 쓰는 말

똘롱 디브리깐 자왑안
= Tolong diberikan jawaban.

* kabarnya 까바르냐 소식, 답장

똘롱 삔자미 뿔뻰
Tolong pinjami pulpen. 볼펜 좀 빌려주십시오.

* pinjam 삔잠 빌리다
pulpen 뿔뻰 볼펜

porsi ~그릇, 접시, 인분

뽀르시
숫자 + porsi + 요리명 ~그릇, 접시
수량사

두아 뽀르시 박소
예 2 porsi bakso 박소(어묵국) 2 그릇(인분)

띠가 뽀르시 미 고렝
3 porsi mie goreng 볶음면 3 접시(인분)

박소 bakso

mau minum apa? 무엇을 마시겠습니까?

mau minum apa? 마우 미눔 아빠 를 직역하면 무엇을 마시겠습니까?이며 음료는 무엇으로 하시겠습니까? 란 의미이다.

음료수

발음	인도네시아어	뜻
떼	teh	차
떼 따릭	teh tarik	홍차
꼬까 꼴라	coca cola	코카콜라
비르	bir	맥주
미눔안 끄라스	minuman keras	술
수수	susu	우유
주스 즈룩	jus jeruk	오렌지 주스
에스 즈룩	/ es jeruk	
사리 부아 / 주스	sari buah / jus	과일즙 / 주스
꼬삐	kopi	커피
꼬삐 수수	kopi susu	밀크커피
에스 꼬삐 수수	es kopi susu	아이스 밀크커피
꼬삐 히땀	kopi hitam	블랙커피

물은 air putith 아이르 뿌띠 라고 하며 인도네시아에서 물을 반드시 끓여 먹어야 한다. 인도네시아에서 가장 대표적인 물 상표는 Aqua 아꾸아 이며, Aqua는 우리나라의 제주 삼다수와 같다.
슈퍼마켓이나 음식점에서 Aqua 물 한 병 달라고 말할 때는 Minta satu botol Aqua. 민따 사뚜 보똘 아꾸아 라고 한다.

맛

에낙 enak	맛있다	쁘다스 pedas	맵다
마니스 manis	달다	빠힛 pahit	쓰다
아삼 asam	시다	끄라스 keras	진하다
아신 asin	짜다	꾸랑 아신 kurang asin	싱겁다

예

에낙 스깔리
Enak sekali. — 아주 맛있어.

띠닥 마니스
Tidak manis. — 달지 않다.

띠닥 에낙
Tidak enak. — 맛없어.

인도네시아에서 통하는 회화따라하기

식사표현

1 Ini makanan apa? 이 음식은 무엇입니까?
이니 마까난 아빠

＊makanan 마까난 음식

→ Ini 이니

mie goreng (미 고렝)	볶음면	
nasi goreng (나시 고렝)	볶음밥	
pempek (뻼뻭)	어묵튀김	달달한 간장 소스에 넣은 어묵 튀김
gado-gado (가도 가도)	가도-가도	인도네시아 식 샐러드로 달달한 땅콩 소스가 뿌려있다.
bakso (박소)	어묵국	고기나 생선을 갈아서 만든 미트볼을 넣은 국으로 어묵국과 비슷하다.

Ini mie goreng. 이것은 볶음면 입니다.

과일 ▶ Ini ________. 이것은 ________ 이다.

durian 두리안 두리안

manggis 망기스 망고스틴

rambutan 람부딴 람부탄

mangga 망가 망고

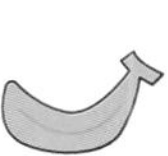
pisang 삐상 바나나

nanas 나나스 파인애플

jeruk 즈룩 오렌지

semangka 스망까 수박

apel 아쁠 사과

kelapa 끌라빠 코코넛

2 Untuk cuci mulut, mau pesan apa, Pak / Bu?
운뚝 쭈찌 물룻, 마우 쁘산 아빠, 빡/ 부
디저트는 무엇으로 드시겠습니까?

···› Minta 민따

1 es krim 사뚜 에스 크림	.	아이스크림 하나 주세요.
1 porsi buah-buahan 사뚜 뽀르시 부아 부아한		과일 한 접시
1 potong kue 사뚜 뽀똥 꾸에		케익 한 조각
secangkir teh 스짱끼르 떼		차 한 잔

* buah-buahan 부아 부아한 과일
* pencuci mulut 쁜쭈지 물룻 디저트= dessert
* kue 꾸에 케익

케익 한 조각이라고 말할 때 조각을 뜻하는 potong 뽀똥 을 수량사로 쓴다. 

식사시 사용하는 인사

식사 전

식사 후

Terima kasih. Makanannya enak sekali.
뜨리마 까시. 마까난냐 에낙 스깔리
고맙습니다. 음식이 참 맛있네요.

Terima kasih.
뜨리마 까시
감사합니다.

Sama-sama.
사마 사마
천만에요.

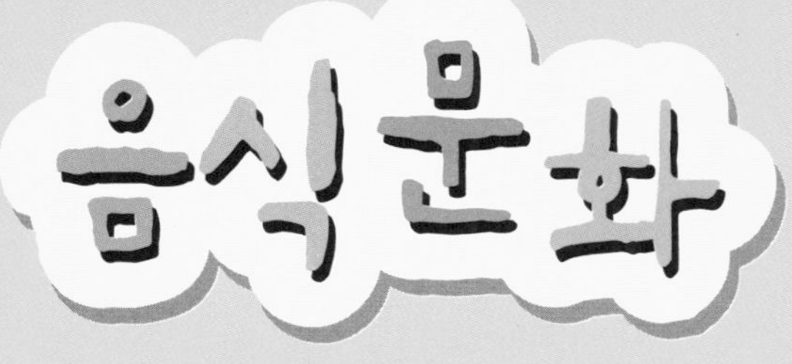

고대에 향료무역의 중심지였던 인도네시아는 중동・인도・중국의 화인들과의 무역과 네덜란드의 식민지배 영향으로 카레부터 서양식 음식까지 다양한 종류의 음식이 발달했어. 주로 기름에 볶거나 튀기고, 매우면서 달짝지근하지.

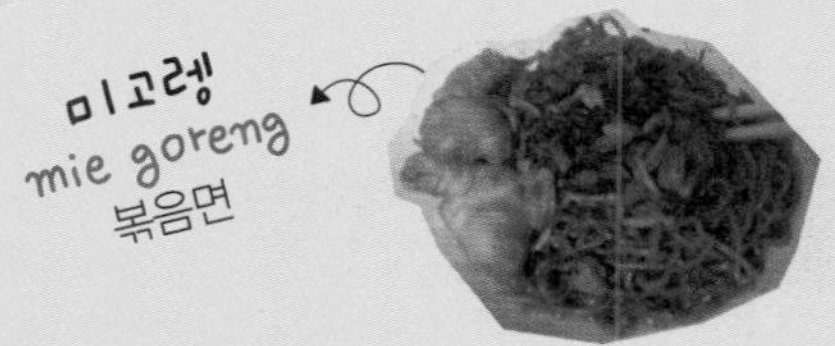

마사깐 빠당 masakan padang

빠당지방 음식

코코넛 오일, 라임, 신선한 고추, 레몬 그라스와 향신료를 넣은 매운 카레 요리와 다양한 요리로 빠당음식은 대체로 맵다. 빠당 음식점에 가면 음식을 시키는 것이 아니라 테이블에 앉아 있으면 종업원이 수십가지의 요리를 가져온다. 종업원은 손님이 어떤 요리를 얼마나 먹었는지 알아서 먹은 양 만큼 계산하여 계산서를 준다. 특히, 빠당음식은 손으로 먹기로 유명하지만, 관광객들을 위해 숟가락과 포크가 준비되어 있다.

사떼
Sate
닭꼬치구이

사떼 Sate

꼬치구이

고기를 한 입에 먹을 만큼 썰어 대나무 꼬치에 끼워 석쇠에 구운 꼬치로 닭꼬치, 염소고기꼬치, 소고기꼬치, 두부꼬치, 생선꼬치 등이 있다. 이슬람교를 믿는 인도네시아에서 돼지고기 꼬치는 찾아 보기 힘들지만, 화인들이 운영하는 음식점에서는 돼지고기 꼬치를 판다.

땅콩을 갈아 만든 달달한 소스와 인도네시아 고추장인 삼발이 소스가 나오며, 달달하면서 매워 우리나라 사람 입맛에 맞다. 고급 레스토랑에서부터 길거리 노점상까지 두루 인기있는 메뉴이다.

평상시는 물론 경축일에도 즐겨먹으며, 여행객들도 전역을 여행하면서 다양한 꼬치 요리를 쉽게 볼 수 있다.

끄루뿍 kerupuk

새우맛 과자

동부와 서부 자바에서 왔으며, 나시고렝, 미고렝 같은 인도네시아 요리에 같이 나온다.

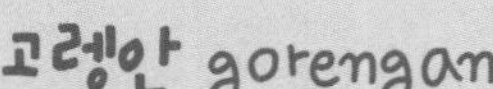

고렝안 gorengan

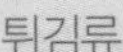

튀김류

두부튀김, 고구마 튀김 등 여러종류가 있다. 인도네시아 고추인 짜베와 같이 먹으면 맛있다.

삼발 매운 소스 sambal

인도 미 indo mie

인도네시아 라면

소고기맛, 치킷맛, 카레맛 등이 있다. 사진에서 옆에 놓인 병은 인도네시아의 매운 소스인 삼발 **sambal**이다. 인도네시아인들에게 삼발은 우리나라 사람의 고추장과 같고, 라면에 삼발을 뿌려 먹는다.

미 아얌 mie ayam

닭 육수와 닭고기, 야채 고명을 얹은 면 요리

국물이 시원하고 깔끔해서 한국인들의 입맛에도 잘 맞으며, 인도네시아의 매운 소스인 **삼발**을 더하면 얼큰하게도 즐길 수 있다.

박소 bakso

생선 혹은 소고기를 갈아 만든 완자로 어묵국과 비슷하다.

오딱 오딱 otak-otak

생선살을 매운 양념과 식물 잎과 잘 갈아서 반죽해서 만든 요리로, 이 생선 반죽을 바나나 잎에 싸서 찌거나 바비큐로 구어서 먹는 요리

가도 가도 gado-gado

땅콩소스와 섞은 인도네시아식 야채 샐러드

에스 부아 es buah

우유, 과일, 달콤한 시럽, 젤리를 넣은 과일빙수

밥 먹는 방법

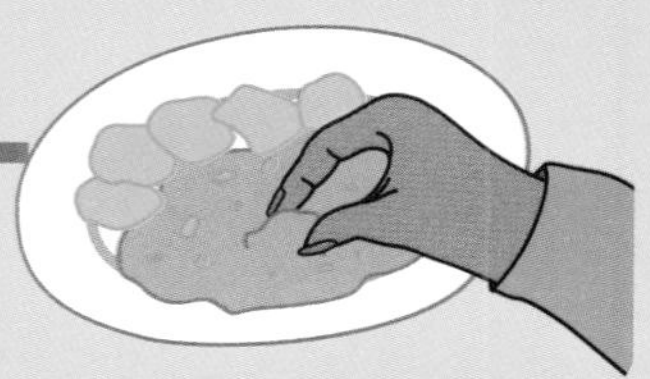

인도네시아 사람들은 밥을 먹을 때 오른손을 사용해 밥을 즐겨 먹는다. 인도네시아 쌀은 우리나라 쌀처럼 끈기가 있지 않아 밥을 먹을 때 손가락을 오무려 손가락 안으로 밥을 모아서 한 번 꾹 누르고 엄지를 이용해 밥을 입 안으로 밀어 넣는다.

길거리 음식점

와룽 warung 은 우리나라의 포장마차와 비슷해.
인도네시아 라면부터 닭구이, 바나나튀김까지 메뉴가 아주 다양하지.
까끼리마 kaki lima는 길거리에서 다양한 음식을 파는 상인으로
우리나라에서 동네를 돌아다니며 찹쌀떡을 파는 찹쌀떡 장수와 같아.
인도네시아인들은 까끼 리마에서 음식을 즐겨 사먹곤하지.

와룽 warung

까끼 리마 Kaki lima

민따 사뚜 치즈 부르거르 단 사뚜 꼴라

Minta 1 cheese burger dan 1 cola.

치즈버거 하나와 콜라 하나 주세요.

슬라맛 다땅. 마우 쁘산 아빠, 빡

Pelayan: Selamat datang. Mau pesan apa, Pak?

야, 민따 사뚜 치즈 부르거르 단 사뚜 꼴라

Hadi: Ya, minta 1 cheese burger dan 1 cola.

사뚜 치즈 부르거르 단 사뚜 꼴라. 아빠까 아다 양 라인 빡

1 cheese burger dan 1 cola. Apakah ada yang lain, Pak?

띠닥 아다

Tidak ada.

바빡 마우 다인 인 아따우 떼이끄 아웃

Bapak mau 'dine in' atau 'take out'?

사야 마우 다인 인

Saya mau 'dine in'.

깔라우 안다 쁘산 셋 메누, 하르가냐 르비 무라

Kalau Anda pesan set menu, harganya lebih murah.

아빠까 안다 마우 쁘산 셋 메누

Apakah Anda mau pesan set menu.

깔라우 브기뚜, 사야 쁘산 셋 메누

Kalau begitu, saya pesan set menu.

이니, 실라깐. 뜨리마 까시

Ini, silakan. Terima kasih.

종업원	어서오십시오. 주문하시겠습니까?
하디	네, 치즈버거 하나와 콜라 하나 주세요.
종업원	치즈버거 하나와 콜라 하나요. 더 주문하실 것이 있습니까?
하디	없습니다.
종업원	가져가시겠습니까? 아니면 여기서 드시겠습니까?
하디	여기서 먹겠습니다.
종업원	세트를 시키시면 가격이 더 쌉니다. 세트로 하시겠습니까?
하디	그럼, 세트로 주문하겠습니다.
종업원	여기 있습니다. 고맙습니다.

단어

- □ **cheese burger** 치즈 부르거르 — 치즈 버거
- □ **cola** 꼴라 — 콜라
- □ **selamat datang** 슬라맛 다땅 — 어서오십시오
- □ **mau** 마우 — 원하다
- □ **pesan** 쁘산 — 주문하다, 주문
- □ **apakah** 아빠까 — 무엇 의문사
  apa 뒤에 kah를 붙이면 격식을 차려 질문할때 쓴다.
- □ **yang lain** 양 라인 — 다른 것
- □ **tidak ada** 띠닥 아다 — 없다
- □ **dine in** 다인 인 — 여기서 먹다
  = **makan di sini** 마깐 디 시니
- □ **set menu** 셋 메누 — 세트 메뉴
- □ **harga** 하르가 — 가격
- □ **lebih** 르비 — 더 ~한
- □ **murah** 무라 — 싼
- □ **kalau begitu** 깔라우 브기뚜 — 그러면
- □ **silakan** 실라깐 — 부디, 어서 ~하십시오

14 아주 쉬운 해설

Selamat datang. 어서오십시오.

Selamat 슬라맛 은 인사, 환영, 축하인사, 기원과 같이 상대방을 반갑게 맞이하거나 축하하는 의미로 두루 사용할 수 있다.

예 슬라맛 띠두르
Selamat tidur. 안녕히 주무세요.

슬라맛 따훈 바루
Selamat tahun baru. 새해 복 많이 받으세요.

Apakah ada yang lain? 더 주문하실 것이 있습니까?

Apakah ada yang lain? 아빠까 아다 양 라인 직역하면 다른 것 있습니까?인데, 음식점과 패스트푸드점에서 점원이 더 주문하실 것이 있습니까?라고 물을 때 쓰이는 표현이다.

mau dine in atau take out? 여기서 드시겠습니까? 아니면 가져가시겠습니까?

요즘 인도네시아의 패스트푸드점의 점원은 여기서 드시겠습니까? 아니면 가져가시겠습니까? 라고 말할 때, 우리나라의 콩글리쉬처럼 인도네시아식 영어로 mau dine in atau take out? 마우 다인 인 아따우 떼이끄 아웃 라고 말한다.

이에 대한 대답은 **여기서 먹겠습니다**라고 말할 때는 **Saya mau dine in.** 사야 마우 다인 인이라고 하고, **가져가겠습니다**라고 말할 때는 **Saya mau take out.** 사야 마우 떼이끄 아웃이라고 말한다.

원래 인도네시아어로 여기서 드시겠습니까? 아니면 가져가시겠습니까?는 Mau makan di sini atau mau dibungkus?마우 마깐 디 시니 아따우 마우 디붕꾸스 이다. 대답은 여기서 먹겠습니다라고 말할 때는 Saya mau makan di sini. 사야 마우 마깐 디 시니 가져가겠습니다라고 말할 때는 Saya mau dibungkus. 사야 마우 디붕꾸스 라고도 한다.

패스트푸드

발음	인도네시아어	뜻	발음	인도네시아어	뜻
부르거르	burger	버거	아얌 고렝	ayam goreng	후라이드 치킨
부르거르 아얌	burger ayam	치킨버거	피자	pizza	피자
끈땅 고렝	kentang goreng	감자튀김	로띠	roti	빵
홋 독	hot dog	핫도그	사오스 또맛	saos tomat	토마토 케첩
살랏	salad	샐러드	께주	keju	치즈
슬라이	selai	잼	믄떼가	mentega	버터

kalau 만약 ~이면

kalau 깔라우 는 가정·조건을 나타내 만약 ~이면, ~의 경우에는이란 뜻으로 영어의 if에 해당한다.

깔라우 사야 뿐야 바냑 우앙, 사야 마우 빠르기 잘란 잘란 끄 에로빠
예 Kalau saya punya banyak uang, saya mau pergi jalan-jalan ke Eropa.
만약 제가 돈이 많으면, 저는 유럽 여행을 가고 싶습니다.

* uang 우앙 돈
jalan-jalan 잘란-잘란 여행하다
banyak 바냑 많은
Eropa 에로빠 유럽

깔라우 조도, 빠스띠 버르뜨무
Kalau jodoh, pasti bertemu.
인연이면, 반드시 만나게 된다.

* jodoh 조도 인연, 연인
pasti 빠스띠 반드시 ~하다

패스트푸드

인도네시아 패스트푸드는 KFC, Pizza Hut, Burger King, Mcdonald, KreSpy Kreme, Starbucks 등이 있어

배가 더 부풀었잖아!!

왠만한 유명한 패스트푸드점은 다 있다. 인도네시아인들에게는 패스트푸드점이 패밀리레스토랑으로, 주말저녁이 되면 가족단위 손님들로 붐빈다.

고마해라 많이 묵었다아니가!!

인도네시아인들은 **sambal** 삼발, 인도네시아 고추장 을 좋아해 패스트푸드 감자튀김, 닭튀김, 피자에 삼발소스를 찍어 먹는다. 패스트푸드점은 음식과 함께 삼발을 제공하는 것이 특징적이다.

바가이마나 쭈아짜냐 디 사나

Bagaimana cuacanya di sana?

그 곳 날씨는 어떻습니까?

Min-su

사야 마우 뻐르기 잘란 잘란 끄 인도네시아 왁뚜 리부란 무심
Saya mau pergi jalan-jalan ke Indonesia waktu liburan musim
빠나스
panas.

Lina

오, 야? 디 인도네시아 마우 잘란 잘란 끄 마나, 빡 민수
Oh, ya? Di Indonesia mau jalan-jalan ke mana, Pak Minsu?

사야 블룸 뿌뚜스깐, 까무 아다 마수깐
Saya belum putuskan, kamu ada masukan?

아빠까 안다 뻐르나 끄 자까르따
Apakah Anda pernah ke Jakarta?

띠닥, 사야 블룸 뻐르나 끄 사나. 자까르따 이뚜 스뻐르띠 아빠 야
Tidak, saya belum pernah ke sana. Jakarta itu seperti apa ya?

자까르따 아달라 이부 꼬따 인도네시아 단 꼬따 양 빨링 브사르
Jakarta adalah ibu kota Indonesia dan kota yang paling besar
디 인도네시아
di Indonesia.

바가이마나 쭈아짜 디 자까르따
Bagaimana cuaca di Jakarta?

쭈아짜냐 빠나스 스빤장 따훈. 꾸수스냐 다리
Cuacanya panas sepanjang tahun. Khususnya, dari
노벰버르 삼빠이 마룻 이뚜 무심 후잔. 자디, 반지르
November sampai Maret itu musim hujan. Jadi, banjir.

민수	여름 휴가 때, 인도네시아 여행을 가려고 합니다.
리나	그래요? 민수씨는 인도네시아 어디를 여행하실겁니까?
민수	아직 결정하지 못했습니다. 어디 좋은 곳 있어요?
리나	자카르타에 간 적이 있습니까?
민수	아니요, 아직 안가봤습니다. 자카르타는 어떠한 곳인가요?
리나	자카르타는 인도네시아의 수도이고, 인도네시아에서 가장 큰 도시입니다.
민수	자카르타 날씨는 어떻습니까?
리나	날씨는 1년 내내 덥습니다. 특히, 11월부터 3월까지는 우기입니다. 그래서 홍수가 나죠.

단어

- □ **cuaca** 쭈아짜 날씨
- □ **jalan-jalan** 잘란 잘란 여행하다, 산책하다
- □ **waktu** 왁뚜 때, ~할 때, 기간
- □ **liburan** 리부란 휴가, 방학
- □ **musim** 무심 계절, 때
- □ **panas** 빠나스 더운
  musim panas 무심 빠나스 여름
- □ **putuskan** 뿌뚜스깐 결정하다
- □ **kamu ada masukan?** 좋은 생각있어요?
  좋은 아이디어가 있냐고 물을 때 즐겨쓰는 표현.
- □ **pernah** 뻐르나 ~한 적이 있다
- □ **apa ya?** 아빠 야 어떠한가요?
  정겹게 물을 때 문장 끝에 ya를 넣어 약간 올려 말한다.
- □ **ibu kota** 이부 꼬따 수도
- □ **kota** 꼬따 도시
- □ **paling** 빨링 가장, 최상의
- □ **besar** 브사르 큰
- □ **sepanjang** 스빤장 내내
  sepanjang tahun 스빤장 따훈 일년 내내
- □ **khususnya** 꾸수스냐 특히
- □ **bulan November** 불란 노벰버르 11월
- □ **sampai** 삼빠이 ~까지
- □ **Maret** 마릇 3월
- □ **musim hujan** 무심 후잔 우기
- □ **jadi** 자디 그래서
- □ **banjir** 반지르 홍수
  애교 있게 부탁하거나 애교 있게 말할 때 우리말 ~죠와 비슷한 어감으로 문장 끝에 부터 표현한다

15  아주 쉬운 해설

Apakah ... pernah ~ ? ~한 적이 있습니까?

pernah 빼르나 는 ~한 적이 있다란 뜻으로 경험을 나타낸다. ~한 적이 있습니까? 라고 물을 때는 Apakah 아빠까 를 문장 맨 앞에 놓아 묻는다.
대답은 긍정일 경우 Ya, pernah. 야, 빼르나, 부정일 경우 Tidak, pernah. 띠닥, 빼르나 라고 한다.

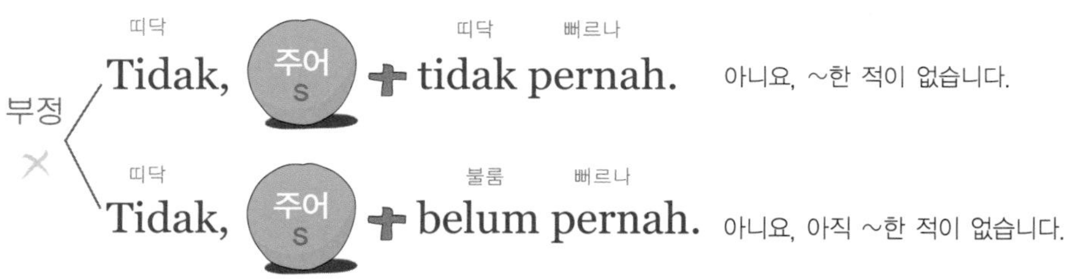

예 아빠까 안다 빼르나 빼르기 끄 자까르따
Apakah Anda pernah pergi ke Jakarta? 자카르타에 가본 적이 있습니까?

야, 사야 빼르나
··· Ya, saya pernah. 네, 가본 적이 있습니다.

띠닥, 사야 블룸 빼르나
··· Tidak, saya belum pernah. 아니요, 아직 안 가봤습니다.

구어체에서 질문할 때는 Apakah아빠까 를 생략하고 Pernah빼르나 ~? 라고만 한다.

예 빼르나 리핫 아낙 수시
Pernah lihat anak Susi? 수시의 아이 본적 있어?

seperti ~와 같이, ~처럼

떼디 오랑냐 스뻐르띠 아낙 아낙
예 Tedi orangnya seperti anak-anak. 테디는 아이 같습니다.

* orang 오랑 사람

스뻐르띠냐 데위 상앗 수까 두리안
Sepertinya, Dewi sangat suka durian. 데위는 두리안을 정말 좋아하는 것 같다.

* sepertinya 스뻐르띠냐 ~인 것 같다

paling 가장, 매우, 최상의

paling 빨링은 가장, 매우, 최상의란 뜻으로 영어의 the most로 최상급을 나타낸다.

자까르따 아달라 꼬따 양 빨링 브사르 디 인도네시아
예 Jakarta adalah kota yang paling besar di Indonesia.
자카르타는 인도네시아에서 가장 큰 도시이다.

뿔라우 스리부 아달라 다애라 위사따 양 빨링 인다
Pulau Seribu adalah daerah wisata yang paling indah.
뿔라우 스리부는 가장 아름다운 관광지이다.

* daerah 다애라 지역
wisata 위사따 관광 indah 인다 아름다운

비교급

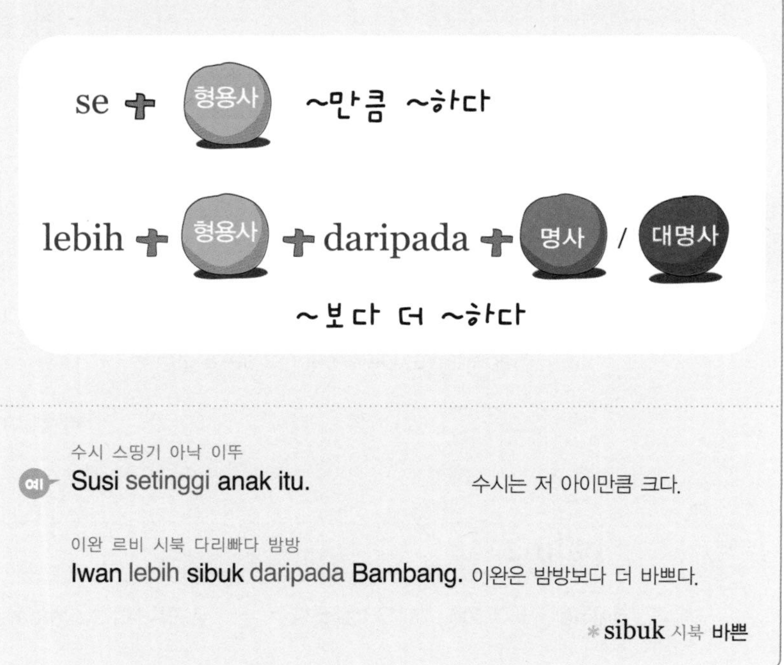

수시 스띵기 아낙 이뚜
예 Susi setinggi anak itu. 수시는 저 아이만큼 크다.

이완 르비 시북 다리빠다 밤방
Iwan lebih sibuk daripada Bambang. 이완은 밤방보다 더 바쁘다.

* sibuk 시북 바쁜

bagaimana 어떻게

bagaimana 바가이마나 은 어떻게란 뜻으로 상태나 방법을 묻는 영어의 how에 해당한다.

바가이마나 짜라 마삭 인도미
예 Bagaimana cara masak Indomie? 인도미는 어떻게 만듭니까?

* cara 짜라 방법
masak 마삭 요리하다

바가이마나 시뚜아시 에꼬노미 인도네시아 스까랑
Bagaimana situasi ekonomi Indonesia sekarang?
요즘 인도네시아 경제 사정은 어떻습니까?

* situasi 시뚜아시 사정, 상황
ekonomi 에꼬노미 경제

스까랑 빠라 스깔리
→ Sekarang parah sekali.
지금 사정이 정말 안 좋습니다.

* parah 빠라 안 좋은, 심각한

dari~ sampai~ ~에서 ~까지

dari다리~ sampai삼빠이~ 는 ~에서 ~까지란 뜻으로 시간을 표현할 때 사용한다.

다리 불란 노벰버르 삼빠이 마릇
예 Dari bulan November sampai Maret. 11월에서 3월까지

다리 잠 띠가 소레 삼빠이 잠 음빳 소레, 사야 뚱구 수시 디 드빤 깐또르냐
Dari jam 3 sore sampai jam 4 sore, saya tunggu Susi di depan kantornya.
오후 3시부터 4시까지 저는 수시의 사무실 앞에서 수시를 기다렸습니다.

*depan 드빤 앞, kantor 깐또르 사무실

kantornya 깐또르냐 그녀의 사무실 : kantor는 사무실이란 뜻으로 원형 kantor뒤에 3인칭을 뜻하는 -nya가 붙은 것이다.

cuaca 날씨

인도네시아 계절은 건기와 우기로 이루어져 있다. 3~8월까지는 하루 종일 강한 햇빛이 쨍쨍 비치는 건기이고 9~2월까지는 굵은 빗줄기의 소나기가 내렸다 그치기를 반복하는 우기이다.

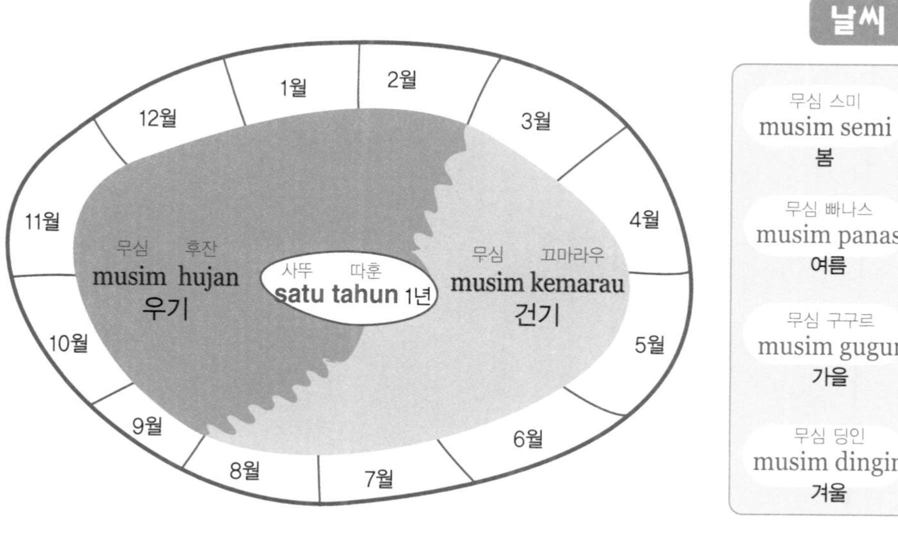

날씨

무심 스미 musim semi 봄	무심 빠나스 musim panas 여름
무심 구구르 musim gugur 가을	무심 딩인 musim dingin 겨울

빠나스 panas 덥다	항앗 hangat 따뜻하다	스죽 sejuk 시원하다	딩인 dingin 춥다

날씨

후잔
hujan 비
살주
salju 눈
또빤
topan 태풍
낄랏 / 군뚜르
kilat / guntur 번개 / 천둥
반지르
banjir 홍수

예 하리 이니 빠나스 스깔리
Hari ini panas sekali. 오늘은 아주 덥다.

쭈아짜냐 스죽
Cuacanya sejuk. 날씨가 시원하네요.

* sejuk 스죽 시원한

스까랑 스당 후잔
Sekarang sedang hujan. 지금 비가 오고 있다.

* hujan 후잔 비

Sekarang lagi turun hujan. 스까랑 라기 뚜룬 후잔 지금 비가 오고 있다란 뜻이다.
구어체에서 lagi는 ~하는 중이다란 뜻으로 sedang과 같은 뜻이다.

띠닥 아다 살주 디 인도네시아
Tidak ada salju di Indonesia. 인도네시아에는 눈이 내리지 않아요.

dong ~죠

dong 동 은 문장 끝에 붙여 애교 있게 부탁하거나 말할 때 사용한다. 우리말의 ~(이)죠와 비슷한 어감의 단어이다.

예 아요, 동
Ayo, dong. 어우, 야~

똘롱 동
Tolong dong. 도와죠~

마우 동
Mau dong. 나두요~

장안 기뚜 동
Jangan gitu dong. 그러지 말아요~

루기 동
Rugi dong... 남는게 없어요…

* rugi 루기 손해인

인도네시아에서 통하는 회화따라하기

과거의 경험 ~ 한 적이 있습니까?

1 Apakah Anda pernah (아빠까 안다 뻐르나) ... ? ... 적이 있습니까?

Apakah Anda pernah 아빠까 안다 뻐르나	pergi ke Jakarta 뻐르기 끄 자까르따	? 자카르타에 간 적이 있습니까?
	pakai baju batik 빠까이 바주 바띡	바띡 옷을 입어 본
	pakai sarung 빠까이 사룽	사룽을 입어 본
	makan mie goreng 마깐 미 고렝	미고렝을 먹어 본
	dengar lagu Indonesia 등아르 라구 인도네시아	인도네시아 노래를 들어 본

기타동사

pakai 빠까이 — 입다, 쓰다, 신다

- **pakai baju** 옷을 입다 (빠까이 바주)
- **pakai topi** 모자를 쓰다 (빠까이 또삐)
- **pakai sepatu** 신발을 신다 (빠까이 스빠뚜)

buka 부까 — 벗다

- **buka baju** 옷을 벗다 (부까 바주)
- **buka topi** 모자를 벗다 (부까 또삐)
- **buka sepatu** 신발을 벗다 (부까 스빠뚜)

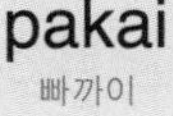

pakai 빠까이 — 끼다, 쓰다

- **pakai cincin** 반지를 끼다 (빠까이 찐찐)
- **pakai kacamata** 안경을 쓰다 (빠까이 까짜마따)

lepas 르빠스 — 빼다/벗다

- **lepas cincin** 반지를 빼다 (르빠스 찐찐)
- **lepas kacamata** 안경을 벗다 (르빠스 까짜마따)

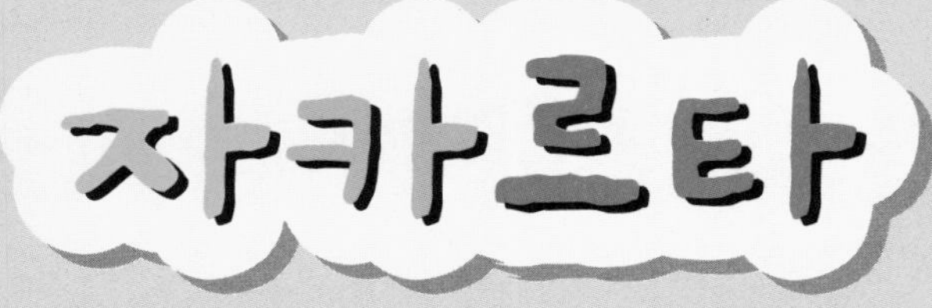

자카르타 Jakarta는 인도네시아의 수도이자, 인도네시아 최대 도시이다. 행정구역상으로는 주에 해당하는 자카르타 특별시 Daerah Khusus Ibukota Jakarta 다애라 꾸수스 이부꼬따 자까르따 이다.

자카르타의 옛 이름은 순다 끌라빠 Sunda Kelapa 397-1527, 자야까르따 Jayakarta 1527-1619, 바따비아 Batavia 1619-1942와 자카르타 Djakarta 1942-1972 였어.
자카르타는 자바섬의 북서쪽에 위치하며, 인구는 약 850만 명정도야.

자카르타는 인도네시아의 경제, 문화, 정치의 중심지이며, 전세계에서 12번째로 큰 도시에 속한다.

자카르타가 있던 지역은 4세기에 순다 Sunda 왕국의 중요한 무역항구였으며, 네덜란드 식민 통치를 받았을 때는 이 지역이 바따비아 Batavia 로 불리고 수도로 번영했다. 1942년에 일본이 자바 섬을 통치하면서, 바따비아는 인도네시아의 수도로 현재의 자카르타 Jakarta 로 재명명되었다.

자카르타에는 인도네시아 증권거래소, 인도네시아 국립은행, 모나스 국립기념탑 Tugu Monas 등 많은 경제활동이 집중되어 있으며, 아세안 ASEAN 사무국이 있다.

인도네시아의 경제활동의 중심지로 발전된 기술, 풍부한 자본, 효율적인 경영방식을 지니고 있어 상업의 중심지이다.

다른 개발도상국가의 큰 도시들과 마찬가지로 자카르타도 급격한 도시화를 겪고 있어. 이에 따라 여러 사회, 환경 문제가 발생하고 있는데, 그 중에 가장 두드러지는 현상은 바로 극심한 교통체증이지.
인도네시아 전역에서 교통체증이 많이 발생하는데, 그 중에서 인구가 가장 많이 밀집된 자카르타에서의 교통체증이 아주 심각해.

교통체증

그래서 인도네시아 직장인들은 출퇴근 시간에 교통체증으로 인하여 몇 시간 동안 도로에 발이 묶여 회사에 가지 못하거나 귀가를 하지 못하는 경우가 많이 발생하며, 회사의 사장도 직원이 결근을 하면 당연히 교통체증이 심해서 출근을 못한 것으로 여긴다.

뭐시라!! 김대리가 또 결근이라구!!
이번엔 홍수나!!

트란스자카르타 Trans Jakarta

트란스자카르타는 말 그대로 자카르타를 가로지른다는 의미로, 자카르타 북부에서 남부로 횡단하는 노선버스를 일컫는다. 도로 1차선이 트란스자카르타 전용차선으로 지정되어 교통체증이 심한 인도네시아에서 유일하게 대중교통을 이용하며 빠르게 목적지까지 이동할 수 있다는 것과 에어컨이 장착된 현대식 대형버스로 편하다는 것이 장점이다.
정류장은 우리나라 대도시의 버스정류장 같이 도로 중앙에 대형 정류장이 있다. 현대식으로 지어진 정류장은 버스 자체가 크고 높게 제작되어 정류장도 높게 설치되어 있는 것이 특징적이다.

***승차 요금 : 3,500** 루피아정도 (2011년 기준)

트란스자카르타 정류장

브라빠 하르가 까마르 운뚝 사뚝 오랑 뻬르 알람
Berapa harga kamar untuk 1 orang per malam?
1인실은 하룻밤에 얼마입니까?

Resepsionis

슬라맛 다땅. 아다 양 비사 사야 반뚜
Selamat datang. Ada yang bisa saya bantu?

Min-su

슬라맛 소레. 사야 마우 쁘산 사뚜 까마르 운뚝 사뚜 오랑
Selamat sore. Saya mau pesan 1 kamar untuk 1 orang.

까마르 아빠 양 바빡 마우 쁘산
Kamar apa yang Bapak mau pesan?

스딴다르 따삐, 아빠까 아다 콤뿌떠르 양 비사 인떠르넷 디 달람 까마르
Standar. Tapi, apakah ada komputer yang bisa internet di dalam kamar?

야, 뜬뚜 사자. 아다 띠비, 꿀까스 단 아쎄 주가 디 달람냐
Ya, tentu saja. Ada TV, kulkas dan AC juga di dalamnya.

브라빠 라마 바빡 아깐 믕이납
Berapa lama Bapak akan menginap?

운뚝 띠가 하리
Untuk 3 hari.

뻐르미시, 비사 리핫 빠스뽀르냐, 빡
Permisi, bisa lihat paspornya, Pak?

이니 빠스뽀르 사야
Ini paspor saya.

노모르 까마르 띠가 꼬송 슴빌란. 이니 까르뚜냐
Nomor kamar 309. Ini kartunya.

뜨리마 까시
Terima kasih.

접수원	어서 오십시오. 무엇을 도와드릴까요?
민수	안녕하세요. 1인실 방을 하나 주문하고 싶은데요.
접수원	어떤 방을 원하십니까?
민수	스탠다드룸이요. 그런데, 방 안에 인터넷이 가능한 컴퓨터가 있습니까?
접수원	예, 물론이죠. 방 안에는 TV, 냉장고와 에어콘도 있습니다. 며칠간 묵으실 겁니까?
민수	3일이요.
접수원	실례지만, 여권을 볼 수 있을까요?
민수	여기 제 여권입니다.
접수원	방번호는 309호 입니다. 여기 카드를 받으십시오.
민수	고맙습니다.

단어

- □ **resepsionis** 레셉시오니스 — 접수원
- □ **kamar** 까마르 — 방
- □ **malam** 말람 — 밤
- □ **untuk** 운뚝 — ~을 위하여, ~용도의
- □ **standar** 스딴다르 — 스탠다드 룸
- □ **(te)tapi** (뜨)따삐 — 그러나
- □ **komputer** 콤뿌떠르 — 컴퓨터
- □ **internet** 인떠르넷 — 인터넷
- □ **di dalam kamar** 디 달람 까마르 — 방 안에
- □ **tentu saja** 뜬뚜 사자 — 물론입니다
- □ **TV** 띠비 — TV
- □ **kulkas** 꿀까스 — 냉장고
- □ **AC** 아쎄 — 에어컨
- □ **di dalamnya** (dalam + -nya) — 방 안에
- □ **berapa lama** 브라빠 라마 — 얼마 동안
- □ **menginap** 믕이납 — 투숙하다, 숙박하다
- □ **3 hari** 띠가 하리 — 3일
- □ **lihat** 리핫 — 보다
- □ **paspor** 빠스뽀르 — 여권
- □ **nomor** 노모르 — 번호
- □ **kartu** 까르뚜 — 카드

아주 쉬운 해설

mau pesan 주문하고 싶습니다.

음식을 주문하거나, 비행기 티켓이나 호텔룸을 예약하거나, 주문할 때 쓰는 표현이다.

예
사야 마우 쁘산 사뚜 띠껫 쁘사왓 끄 꼬레아
Saya mau pesan 1 tiket pesawat ke Korea.
저는 한국으로 가는 비행기 티켓 하나를 예약하고 싶습니다.

*pesan 쁘산 주문하다, 예약하다
tiket 띠껫 티켓
pesawat 쁘사왓 비행기

사야 마우 쁘산 두아 까마르 운뚝 음빳 오랑
Saya mau pesan 2 kamar untuk 4 orang.
저는 4명을 위한 방 두 개를 예약/주문하고 싶습니다.

사야 마우 쁘산 사뚜 박소
Saya mau pesan 1 bakso.
저는 박소 하나 주문하고 싶습니다.

*bakso 박소 인도네시아식 어묵국

1 kamar untuk 1 orang 1인실

방

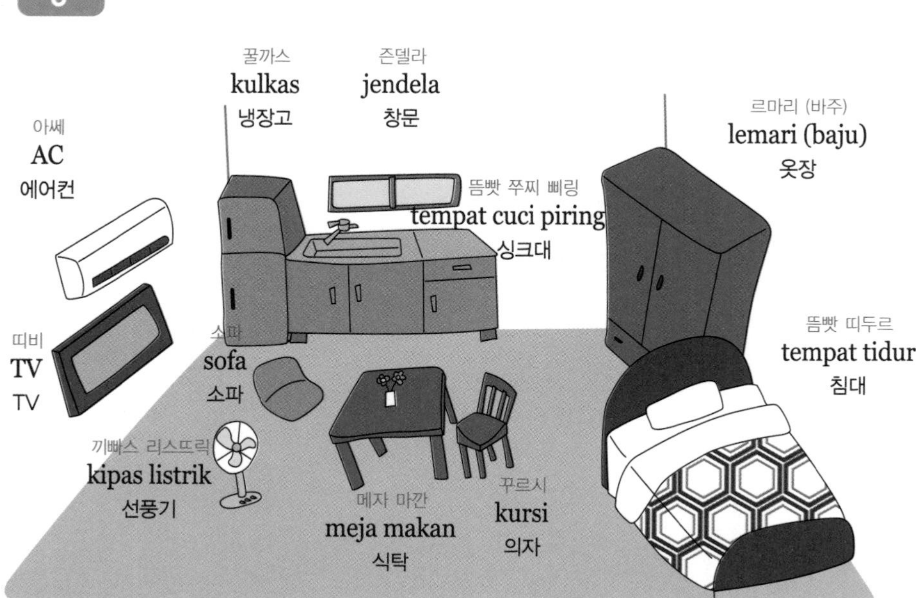

dalam
달람

안

di + 위치 ~에

위치			
atas 아따스	위	bawah 바와	아래
dalam 달람	안	pinggir 삥기르	밖
depan 드빤	앞	belakang 블라깡	뒤
kiri 끼리	왼쪽	kanan 까난	오른쪽

아빠까 아다 띠비 디 달람 까마르
Apakah ada TV di dalam kamar? 방 안에 TV가 있습니까?

아빠까 아다 아쎄 디 달람 까마르
Apakah ada AC di dalam kamar? 방안에 에어컨이 있습니까?

브라빠 까마르 아다 디 (달람) 루마
Berapa kamar ada di (dalam) rumah? 집 (안)에 방이 몇 개 있습니까?

여러가지 위치 표현

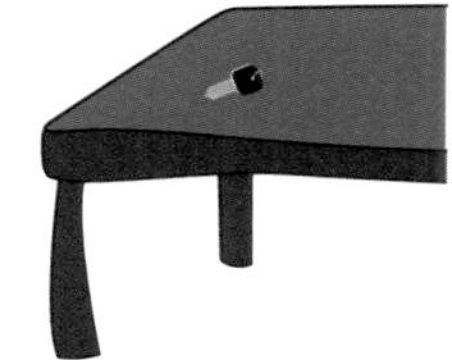

꾼찌냐 아다 디 아따스 메자
Kuncinya ada di atas meja.
열쇠는 책상 위에 있다.

안징 스당 두둑 디 바와 메자 마깐
Anjing sedang duduk di bawah meja makan.
식탁 아래에 개가 앉아 있다.

* duduk 두둑 앉다

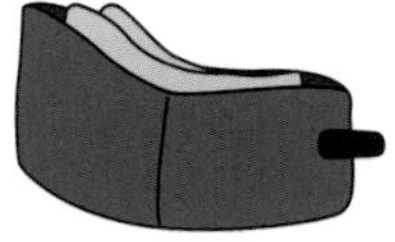

우앙 아다 디 달람 돔뻿
Uang ada di dalam dompet.
지갑안에 돈이 있어요.

* dompet 돔뻿 지갑

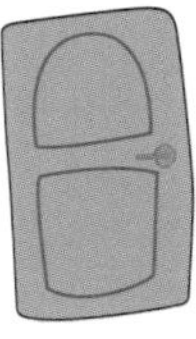

오랑냐 띠닥 마우 마숙, 뜨따삐 마우 버르디리 디 루아르
Orangnya tidak mau masuk, tetapi mau berdiri di luar.
방안으로 들어오지 않고, 바깥에만 서 있어요.

* masuk 마숙 들어오다
berdiri 버르디리 서다

* lantai 란따이 층
* lantai 2 란따이 두아 2층

까마르냐 아다 디 란따이 음빳
Kamarnya ada di lantai 4.
그의 방은 4층에 있어요.

까마르냐 아다 디 란따이 두아
Kamarnya ada di lantai 2.
그의 방은 2층에 있어요.

디아 버르디리 디 루아르 라빵안 스꼴라
Dia berdiri di luar lapangan sekolah.
그녀는 운동장 밖에 서 있어요.

* lapangan sekolah 라빵안 스꼴라 운동장

디아 버르마인 볼라 디 라빵안 스꼴라
Dia bermain bola di lapangan sekolah.
그는 운동장에서 공 놀이를 하고 있어요.

3. untuk ~하기 위한, ~용도의, ~을 위한

운뚝 사뚜 오랑
Untuk 1 orang 한 사람을 위한

운뚝 두아 하리
Untuk 2 hari 이틀 동안

바랑 바랑 아빠 양 바구스 운뚝 까도
Barang-barang apa yang bagus untuk kado?
선물용으로 어떤 물건이 좋습니까?

* barang-barang 바랑-바랑 물건
kado 까도 선물 = hadiah 하디아 선물

4. berapa lama 얼마 동안

berapa lama 브라빠 라마는 얼마 동안이란 뜻으로 기간을 물을 때 사용한다. 이 때 대답은 ~을 위한이란 뜻의 untuk 운뚝 + 기간으로 표현한다.

질문
브라빠 라마
Berapa lama~ 얼마동안

대답
운뚝
untuk + 기간

브라빠 라마 바빡 아깐 멍이납
Berapa lama Bapak akan menginap? 선생님은 얼마 동안 머무르실겁니까?
(Berapa lama: 얼마 동안)

운뚝 띠가 하리
→ Untuk 3 hari. 3일 동안이요.
(Untuk: ~을 위한, 3 hari: 기간)

브라빠 라마 이부 아깐 버르아다 디 인도네시아
Berapa lama Ibu akan berada di Indonesia?
얼마동안 인도네시아에 계실겁니까?

운뚝 사뚜 밍구
→ Untuk 1 minggu. 1주일 동안이요.

인도네시아에서 통하는 회화따라하기

기간을 나타내는 표현

1 Berapa lama Anda akan menginap? 며칠동안 머무르실 겁니까?
브라빠 라마 안다 아깐 믕이납

···› Saya akan menginap untuk 1 hari / 2 hari / 3 hari / 4 hari .
사야 아깐 믕이납 운뚝

1 hari (사뚜 하리)	하루
2 hari (두아 하리)	이틀
3 hari (띠가 하리)	삼일
4 hari (음빳 하리)	사일

하루 / 이틀 / 삼일 / 사일 동안 머무를겁니다.

날짜 ▸ Saya akan menginap untuk____________ .

저는 ________ 동안 머무를겁니다.

1일, 하루	satu hari	사뚜 하리
2일, 이틀	dua hari	두아 하리
3일, 사흘	tiga hari	띠가 하리
4일, 나흘	empat hari	음빳 하리
5일, 닷새	lima hari	리마 하리
6일, 엿새	enam hari	으남 하리
7일, 이레	tujuh hari	뚜주 하리
8일, 여드레	delapan hari	들라빤 하리
9일, 아흐레	sembilan hari	슴빌란 하리
10일, 열흘	sepuluh hari	스뿔루 하리

잘 듣고 따라해 보세요~

층수

2 Anda ada di lantai berapa?
안다 아다 디 란따이 브라빠

당신은 몇 층에 있습니까?

⋯→ Ada di 아다 디	lantai 1 . 란따이 사뚜	1층 에 있습니다.
	lantai 2 란따이 두아	2층
	lantai 3 란따이 띠가	3층
	lantai 4 란따이 음빳	4층

층수 lantai + **숫자** ~층 　～층은 lantai 이다.

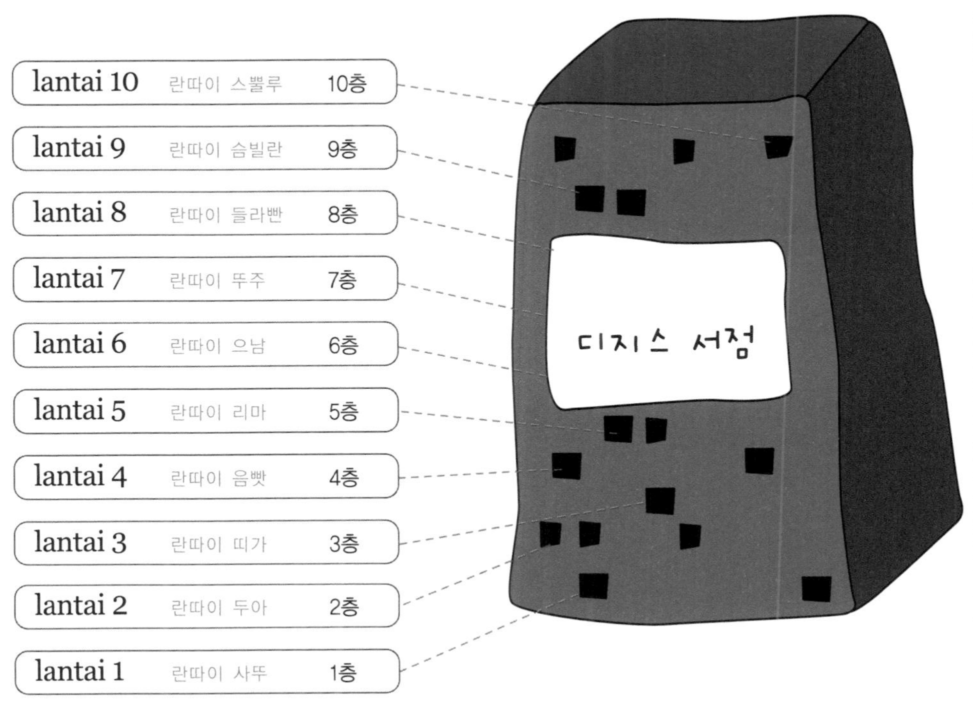

까무 끌리하딴 짜뻬 하리 이니

Kamu kelihatan capai hari ini.

너 오늘 피곤해 보이네.

까무 끌리하딴 짜뻬 하리 이니 아다 아빠

Tuti Kamu kelihatan capai hari ini. Ada apa?

야 아꾸 끄나 플루 다리 따디 말람

Minsu Ya, aku kena flu dari tadi malam.

오 야 까무 수다 미눔 오밧

Oh, ya? Kamu sudah minum obat?

아꾸 블룸 미눔 오밧

Aku belum minum obat.

스까랑 까무 라사냐 바가이마나

Sekarang kamu rasanya bagaimana?

끄빨라꾸 뿌싱 단 바단꾸 스디낏 버르드맘

Kepalaku pusing dan badanku sedikit berdemam.

깔라우 브기뚜 스바익냐 까무 뻐르기 끄 루마 사낏 단 민따

Kalau begitu, sebaiknya kamu pergi ke rumah sakit dan minta

디순떡 스뜰라 뿔랑 다리 루마 사낏 이스띠라핫라 디

disuntik. Setelah pulang dari rumah sakit, istirahatlah di

루마

rumah.

뚜띠　오늘 피곤해 보이네. 무슨 일 있어?

민수　응, 어제 저녁부터 감기에 걸렸어.

뚜띠　그래? 약은 먹었니?

민수　아직 먹지 않았어.

뚜띠　지금 몸 상태는 어떠니?

민수　머리가 아프고, 몸에 열이 조금 나.

뚜띠　그러면 빨리 병원에 가서 주사 맞는게 좋겠다.
병원에서 귀가한 후 집에서 쉬어.

단어

- □ **capai** 짜빼 — 피곤한
- □ **ada apa?** 아다 아빠 — 무슨 일 있니?
- □ **tadi malam** 따디 말람 — 어제밤
  tadi는 아까, malam은 밤이란 뜻
- □ **minum obat** 미눔 오밧 — 약을 먹다
- □ **rasanya** 라사냐 — 기분이 들다, 느낌이 나다
  rasa + –nya
- □ **kepalaku** 끄빨라꾸 — 내 머리
- □ **sakit** 사낏 — 아프다
- □ **pusing** 뿌싱 — 머리가 아프다, 현기증이 나다
- □ **badan** 바단 — 몸
- □ **berdemam** 버르드맘 — 열이 나다
- □ **sebaiknya** 스바익냐 — (~하는 편이) 더 좋은
- □ **minta** 민따 — 청하다, 부탁하다, 요구하다
- □ **disuntik** 디순띡 — 주사맞다
  수동형 di + suntik
- □ **istirahatlah** 이스띠라핫라 — 쉬어
  명령형 istirahat + –lah
- □ **rumah** 루마 — 집

아주 쉬운 해설

hari ini 오늘

일	그저께	어제	오늘	내일	모레
인도네시아어	kemarin lusa 끄마린 루사	kemarin 끄마린	hari ini 하리 이니	besok 베속	lusa 루사

minum obat 약을 먹다

minum은 원래 **마시다**란 뜻이고, **obat**은 **약**이란 뜻인데, **약을 먹다**를 표현할 때는 **minum obat** 미눔 오밧 이라고 한다.

rasanya 기분이 들다, 느낌이 나다

원형 **rasa** 라사 뒤에 의미 없는 구어체 표현인 **-nya** 냐 가 붙은 것으로 느낌을 말할 때 쓴다.

까무 라사냐 바가이마나
예 Kamu rasanya bagaimana? 몸 상태는 어떠니?

사야 므라사 꾸랑 에낙
⋯→ Saya merasa kurang enak. 별로 안좋아요.

몸으로 느끼는 다양한 표현

바단 사야 라사냐 꾸랑 에낙
Badan saya rasanya kurang enak.
몸이 좀 좋지 않다

떠르끄나 플루
terkena flu 감기 걸리다

버르드맘
berdemam 열이 난다

마북 끈다라안
mabuk kendaraan 차멀미하다

뿌싱
pusing 어지럽다, 머리 아프다

짜빼
capai 피곤하다, 힘없다

사낏 쁘룻
sakit perut 배가 아프다

사낏 삥강
sakit pinggang 허리가 아프다

kepalaku 내 머리

kepalaku 끄빨라꾸 는 kepala 끄빨라 머리 + aku 아꾸 나를 줄인 표현으로 내 머리란 뜻이다. 그 밖에 같은 줄임법 표현을 알아보자.

❶ 명사 mu = 명사 + kamu의 줄임말 : 너의 ~

예 유에스비무
USBmu = USB + kamu　　너의 USB

뿔뻰무
pulpenmu = pulpen + kamu　　너의 볼펜

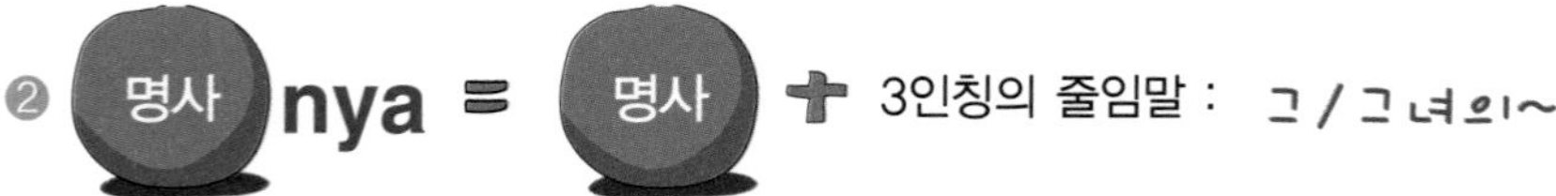

❷ 명사 nya = 명사 + 3인칭의 줄임말 : 그 / 그녀의~

예 아이폿냐
ipodnya = ipod + dia　　그의/ 그녀의 아이팟

부꾸냐
bukunya = buku + dia　　그의/ 그녀의 책

5. 수동형

수동형은 단어 앞에 di를 붙여서 표현한다. suntik 순띡 은 주사, 주사하다란 뜻으로 suntik앞에 di를 붙여 disuntik이 되며 주사 맞다란 뜻이 된다.

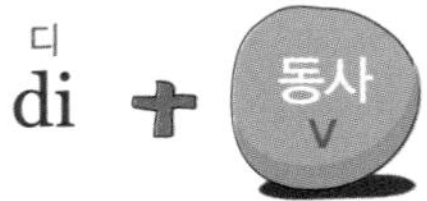

부까 buka	열다	수동 ⋯▸	디부까 dibuka	열리다
자왑 jawab	대답하다	수동 ⋯▸	디자왑 dijawab	대답 받다
따냐 tanya	묻다	수동 ⋯▸	디따냐 ditanya	질문 받다

인도네시아에서 통하는 회화따라하기

여러가지 신체표현

1 Saya sakit kepala. — 저는 머리가 아픕니다.
사야 사낏 끄빨라

Saya pusing. — 저는 머리가 아픕니다.
사야 뿌싱
인도네시아에서 실제로 자주 쓰는 표현

Saya sakit leher. — 저는 목이 아픕니다.
사야 사낏 레헤르

Saya kayaknya terkena flu. — 저는 감기에 걸린 것 같습니다.
사야 까야냐 떠르끄나 플루
의사선생님이나 윗 사람에게 말할 때

Ada obat flu? — 감기약 있어요? (감기약 주세요.)
아다 오밧 플루
약국에서 감기약을 살 때

Saya rasa badan saya sakit semua. — 저는 온 몸이 쑤십니다.
사야 라사 바단 사야 사낏 스무아

Saya kayaknya masuk angin.
사야 까야냐 마숙 앙인
저는 몸에 한기가 납니다. 춥습니다.

인도네시아에서 통하는 회화따라하기

2

Nah, sekarang mari saya periksa.
나, 스까랑 마리 사야 쁘릭사
자, 진찰해 봅시다.

* periksa 쁘릭사 진찰하다, 조사하다

Jangan khawatir Anda akan segera sembuh.
장안 카와띠르 안다 아깐 스그라 슴부
걱정하지 마십시오. 곧 낫습니다.

* sembuh 슴부 낫다

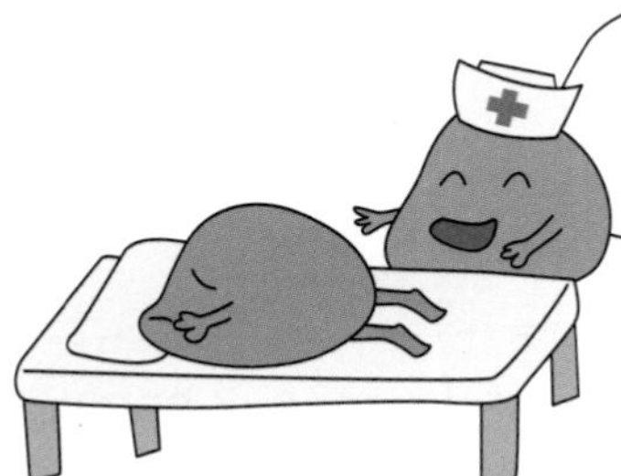

Silakan berbaring.
실라깐 버르바링
바로 누우세요.

Minum obat ini setelah makan.
미눔 오밧 이니 스뜰라 마깐
이 약은 식 후에 드십시오.

Minum 3 kali sehari.
미눔 띠가 깔리 스하리
1일 3회 드세요.

* obat 오밧 약
setelah makan 스뜰라 마깐 식후
kali 깔리 ~회, 번
sehari 스하리 1일, 하루에

Kalau Anda mau cepat sembuh, Anda harus disuntik.
깔라우 안다 마우 쩨빳 슴부, 안다 하루스 디순띡
빨리 나으려면 주사를 맞아야만 합니다.

* cepat 쩨빳 빨리
harus 하루스 ~해야 한다
disuntik 디순띡 주사 맞다

주사놓다란 뜻의 suntik 앞에 수동형을 나타내는 di가 붙어 주사 맞다란 뜻이 되었다.

잘 듣고 따라 해 보세요~

Track 55

신체

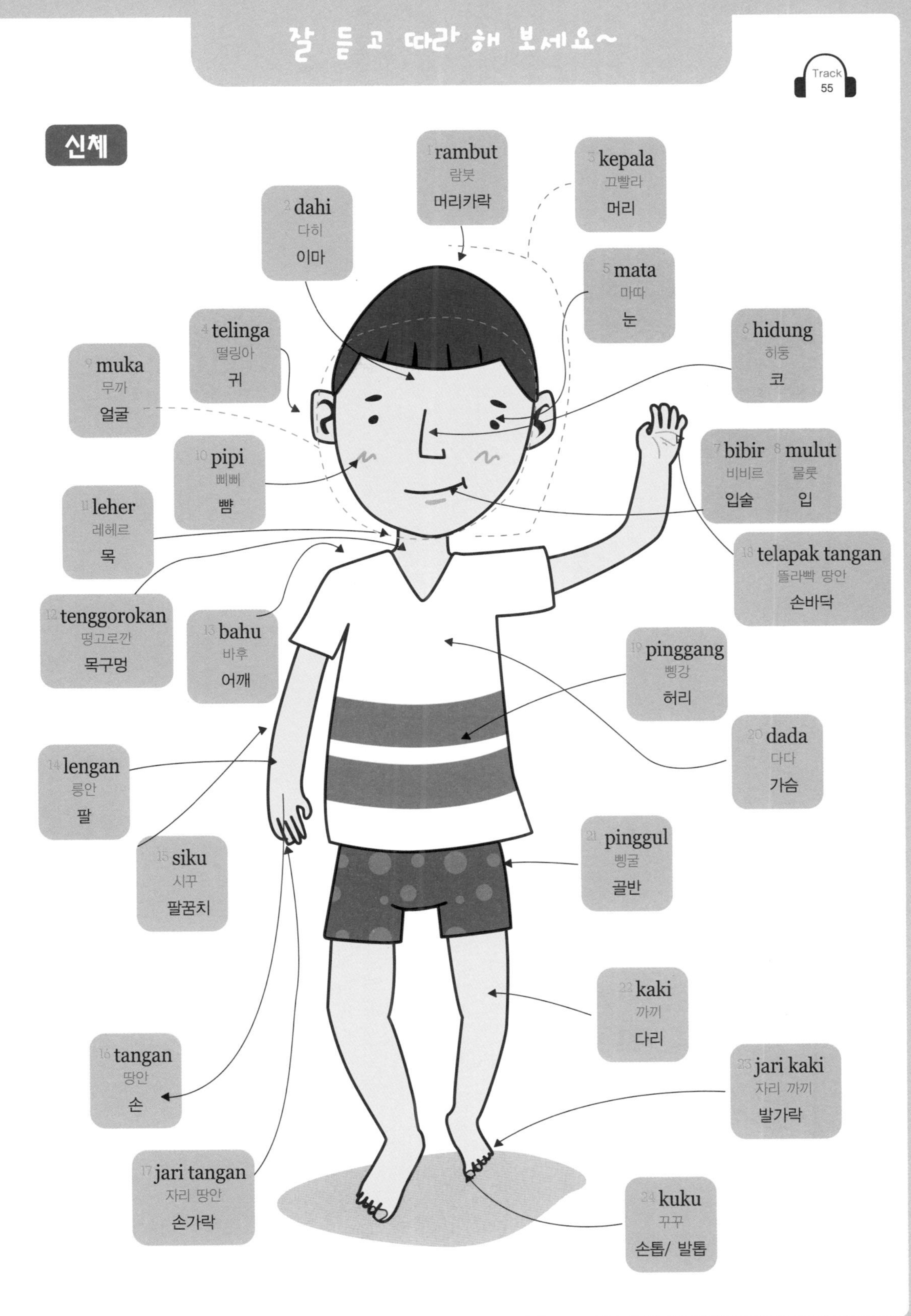

1 rambut 람붓 머리카락
2 dahi 다히 이마
3 kepala 끄빨라 머리
4 telinga 떨링아 귀
5 mata 마따 눈
6 hidung 히둥 코
7 bibir 비비르 입술
8 mulut 물룻 입
9 muka 무까 얼굴
10 pipi 삐삐 뺨
11 leher 레헤르 목
12 tenggorokan 떵고로깐 목구멍
13 bahu 바후 어깨
14 lengan 릉안 팔
15 siku 시꾸 팔꿈치
16 tangan 땅안 손
17 jari tangan 자리 땅안 손가락
18 telapak tangan 뜰라빡 땅안 손바닥
19 pinggang 삥강 허리
20 dada 다다 가슴
21 pinggul 삥굴 골반
22 kaki 까끼 다리
23 jari kaki 자리 까끼 발가락
24 kuku 꾸꾸 손톱/ 발톱

부록 구어체 표현

지금 현재 인도네시아에서 사용하는 구어체 회화문을 위주로 구성하였다.

쉬우면서도 실생활에 많이 사용하는 문장들로만 간단히 구성하여,

처음 배우는 왕초보자들도 누구나 쉽게 따라할 수 있다.

문법보다 실제 사용하는 *현지회화가 술~술~*

1. 구어체 표현

줄임말 및 자주 쓰는 단어

뜻	표준어	구어체
나	aku 아꾸	gue, gua 구에, 구아
너	kamu 까무	loe, lu 로, 루
엄마	ibu 이부	nyokap 뇨깝
아빠	ayah 아야	bokap 보깝
여자	perempuan 쁘름뿌안	cewek 쩨웩
남자	laki 라끼	cowok 쪼옥
이미~한	sudah 수다	udah 우다
~와	dengan 등안	sama, ama 사마, 아마
같이	bersama-sama 버르사마-사마	bareng-bareng 바릉-바릉
~을 위한, ~용도	untuk 운뚝	buat 부앗
누구	siapa 시아빠	sapa 사빠
형님, 여보	abang 아방	bang 방
그저, 그냥 단지	saja 사자	aja 아자
만약에 ~라면	kalau 깔라우	kalo 깔로
그렇게	begitu 브기뚜	gitu 기뚜
이렇게	begini 브기니	gini 기니
어떻게	bagaimana 바게이마나	gimana 기마나
알다	tahu 따후	tau 따우
만들다	membuat 믐부앗	bikin 비낀
사용하다	pakai 빠까이	pake 빠께
말하다	berbicara 버르비짜라	bilang 빌랑
얼마에요?	Berapa harganya 브라빠 하르가냐	Berapa duit? 브라빠 두잇
오직, 단지,	hanya 하냐	cuman 쭈만
~이 아니다	tidak 띠닥	Enggak 응각 nggak 응각 gak 각

예

베떼 니 구아
Bete nih gua. — 나 삐졌어, 기분 별로야

뿔랑 바릉 육
Pulang bareng yuk. — 같이 집에 가자.

야, 이얄라
Ya, iyalah. — 당연하지.

■ 자주 쓰는 표현

asyik 아식 좋은

에, 구에 안떠르 뿔랑 빠께 모빌 바루 구에 야
A Eh, gue anter pulang pake mobil baru gue yah? 야, 내가 내 새차로 너 집까지 데려다 줄께.

와, 아식 주가 뚜 볼레 볼레
B Wah, asyik juga tuh boleh boleh. 와, 그거 좋지~ 좋아 좋아.

yuk/ayuk/ayo 육 / 아육 / 아요 같이 ~하자

에, 우다 잠 으남 소레, 뿔랑 바릉 육
A Eh, udah jam 6 sore. Pulang bareng yuk. 야, 벌써 오후 6시야. 야, 집에 같이 가자.

둘루안 아자 데, 구에 은따란 라기
B Duluan aja deh. Gue ntaran lagi. 너 먼저 가. 난 좀 이따 갈께.

Eh 에 : 사람을 부를 때 야로 영어의 hey 와 같다.

banget 방읏 매우

와, 모빌 로 바구스 방읏
A Wah, mobil loe bagus banget. 와, 너 차 진짜 멋지다.

야, 비아사라
B Ya, biasalah. 어, 그렇지 뭐.

bareng 바릉 같이

에 시 루디 끄 마나? 따디 구에 다땅 바릉 아마 디아
A Eh Si Rudi ke mana ? Tadi gue datang bareng ama dia.
야 루디 어디 갔어? 아까 나랑 같이 왔는데.

마사 시? 각 아다 뚜.. 다리 따디 구에 디 시니 각 끌리핫딴
B Masa sih? Gak ada tuh.. Dari tadi gue di sini gak kelihatan.
그래? 내가 아까부터 있었는데, 안보이던데..

basa basi 바사 바시 예의상 하는 말

빡 얀또 수다 마깐 시앙 블룸? 육, 마깐 시앙 바릉 사야
❶ **A** Pak Yanto sudah makan siang belum? Yuk, makan siang bareng saya.
얀또씨 점심 드셨어요? 저랑 같이 점심 먹어요.

사야 수다 마깐, 부 뜨리마 까시
B Saya sudah makan, Bu terima kasih... 저는 이미 밥 먹었어요. 고맙습니다….

아, 장안 바사 바시라, 아요 마리 마깐 바릉 사야
A Ah, jangan basa basilah, ayo mari makan bareng saya.
아, 그러지마세요(예의상으로 그렇게 말하지 마세요), 저랑 같이 먹어요.

란, 로 하리 이니 끌리하딴 짠떡 스깔리
❷ **A** Ran, loe hari ini kelihatan cantik sekali. 란, 너 오늘 정말 이뻐보이네.

장안 바사 바시라 부디, 로 빠스띠 아다 마우냐
B Jangan basa basilah Budi, loe pasti ada maunya.
(예의상으로), 그렇게 말하지 마. 뭔가 원하는게 있지?

삔즈민 구에. 리마 리부 루삐아 동 부앗 옹꼬스
A Pinjemin gue 5.000 rupiah dong buat ongkos. 차비 5,000루피아 좀 빌려주라..

---

berantem
브란떰

싸우다

시 주연 사마 줄리 각 잘란 바렝 므레까 브란떰 야
A Si Juyeon sama Julie gak jalan bareng. Mereka berantem yah?
주연이랑 줄리랑 같이 안다니던데, 걔네 싸웠나봐?

각 따우 뚜. 까약냐 시 이야
B Gak tau tuh. Kayaknya sih iya. 그러게. 싸웠나봐.

---

cakep
짜끕

잘생긴

뜨만냐 주연, 시 율리우스, 짜끕 주가 야? 로 우다 뻐르나 끄뜨무
A Temannya Juyeon, Si Yulius, cakep juga yah? Loe udah pernah ketemu?
주연 친구 율리우스 잘생겼더라. 너 만난적 있어?

꺼마린 끄뜨무 바릉 사마 주연
B Kemarin ketemu bareng sama Juyeon. 어제 주연이랑 같이 만났어.

---

bercanda
버르짠다

농담하다

에 가이즈! 베속 구에 마우 메릿 니
A Eh guys! Besok gue mau merit nih 야 애들아, 나 내일 결혼한다.

아, 양 브너르 로, 버르짠다 깔리 로? 세리우스 로
B Ah, yang bener loe, bercanda kali loe? Serius loe? 아, 진짜? 농담이지? 너, 정말

야. 우다 깔로 각 뻐르짜야
A Yah, udah kalo gak percaya. 어, 안 믿으면 됐구.

* **percaya** 버르짜야 믿다

doang
도앙

오직, 단지

로 블리 바주 하르가냐 브라빠
A Loe beli baju harganya berapa? 너 옷 얼마 주고 샀어?

무라, 쭈만 리마 리부 루삐아 도앙
B Murah, cuman 5.000 rupiah doang. 싸, 5,000루피아 밖에 안해

무라 동
A Murah dong! 어, 싸네!

dong/donk
동

애교 석인 말투로 부탁하거나 물을 때

에, 똘롱 동 구아 각 따우 기마나 짜라냐 니
Eh, tolong donk! Gua gak tau gimana caranya nih. 야, 도와줘, 나 어떻게 하는 지 몰라.

doyan
도얀

좋아하다

구에 도얀 마깐 가도 가도
Gue doyan makan gado-gado. 나 가도가도 먹는 거 좋아해.

gampang
감빵

쉬운

또니, 로 비사 비낀 나시 고렝
A Toni, loe bisa bikin nasi goreng? 또니, 너 볶음밥 만들 수 있어?

감빵. 이뚜 쭈만 고렝 나시, 마수낀 뜰루르 단 사유란 스디낏. 자디 데
B Gampang. Itu cuman goreng nasi, masukin telur dan sayuran sedikit. Jadi deh.
그거 쉬워. 밥 볶고 계란하고 야채 조금 넣으면 돼.

ganteng
간뜽

잘생긴(남자)

끄마린 구에 끄뜨무 사마 아리 위보오 디 쁠라자 스나얀. 디아 간뜽 방읏, 비낀 구에 자뚜 하띠
Kemarin gue ketemu sama Ari Wibowo di Plaza Senayan.
Dia ganteng banget, bikin gue jatuh hati.
어제 나 아리 위보오유명한 영화배우를 플라자 스나얀에서 봤는데, 진짜 잘생겨서 심장 멎는 줄 알았어.

imut
이뭇

귀여운

에! 로 리핫 각 보네까 빤다 브사르 디 멀 따만 앙그렉
A Eh! Loe lihat gak boneka panda besar di Mal Taman Anggrek?
야! 너 따만 앙그렉 몰에서 큰 팬더곰 인형 있던데 봤어?

이야! 이뭇 방읏 야 보네까냐
B Iya! Imut banget yah bonekanya. 어, 그 인형 진짜 귀엽더라.

자주 쓰는 표현

jago 자고

~에 탁월히 잘하는 사람, 챔피언

쁘마인 볼라 파보릿 로 스까랑 시아빠
A Pemain bola favorit loe sekarang siapa? 너 요즘 축구선수 누구 좋아해?

구에 라기 수까 사마 까까 까르나 디아 자고 방읏 마인 볼라
B Gue lagi suka sama Kaka karena dia jago banget main bola.
까까가 진짜 축구를 잘해서 나는 까까 선수 좋아해.

jelek 즐렉

나쁜, 못생긴, 좋지 않은

벤 모빌 구에 기마나 므누룻 로
A Ben mobil gue gimana menurut loe? 벤, 너 생각엔 내 차 어때?

각 즐렉 즐렉 아맛 시, 빠슬라 부앗 로
B Gak jelek-jelek amat sih, paslah buat loe! 아주 나쁘지 않고 너한테 딱 맞네.

* amat 아맛 매우, 몹시
pas 빠스 적당한, 맞는

kaget 까겟

놀란, 깜짝 놀란

장안 비낀 디아 까겟, 디아 이뚜 오랑냐 잔뚱안
A Jangan bikin dia kaget, dia itu orangnya jantungan. 그 사람 놀라게 하지 마라. 그는 심장이 약해.

야, 우다 뜨낭 아자, 은따르 구에 각 비낀 디아 까겟 데
B Ya, udah tenang aja, ntar gue gak bikin dia kaget deh.
알았어, 진정해, 앞으로 그 사람 놀라지 않게 하지 뭐.

kangen 깡은

그리워하다, 보고싶다

리나, 구에 깡은 아마 로 니, 볼레 끄뜨무안 각
A Rina, gue kangen ama loe nih, boleh ketemuan gak? 리나, 나 너가 보고 싶은데, 만날 수 있니?

각 까르나 구에 깡은냐 사마 뜨땅가 로
B Gak! karena gue kangennya sama tetangga loe! 안돼, 난 너의 이웃사람이 보고 싶어.

kayak 까약

~해 보이다

꼭, 디아 하리 이니 까약 오랑 길라
A Kok, dia hari ini kayak orang gila? 왜 그 사람은 오늘 미친 사람처럼 보이지?

* gila 길라 미친

디아 이뚜 부깐냐 까약 오랑 길라, 에망 우다 길라
B Dia itu bukannya kayak orang gila, emang udah gila.
그 사람은 미친 사람처럼 보이는게 아니고, 이미 미쳤어.

* emang 에망 정말

keren 끄렌 멋있는

람붓 로 끄렌 주가 까약 빈땅 필름 홀리우드, 로 날론 디 마나
A Rambut loe **keren** juga kayak bintang film Hollywood, loe nyalon di mana?
너 머리 헐리우드 스타같이 진짜 멋있다, 미용실 어디서 했어?

구에 살론냐 디 루디 스나얀 시띠 동
B Gue salonnya di Rudy Senayan City donk. 나 스나얀 시티에 있는 루디 미용실에서 했어.

lumayan 루마얀 그럭저럭, 적당한

헤이! 줄, 기마나 마사깐 뇨깝 구에
A Hey! Jul, gimana masakan nyokap gue? 헤이 줄, 울 엄마의 요리 어때?

* nyokap 뇨깝 엄마(자카르타)

루마얀라 에낙, 율
B **Lumayan** enak, Yul. 율, 그럭 저럭 맛있네(맛없진 않네).

* masakan 마사깐 요리

makanya 마까냐 그러니까

에, 꼭 마까난 구에 라사냐 아신 방웃
A Eh, kok makanan gue rasanya asin banget? 야, 내 음식 왜 이리 짜지?

마사? 마까냐 깔로 마우 까시 가람 이뚜 디끼라끼라
B Masa? **Makanya** kalo mau kasih garam itu dikira-kira. 정말? 그러니깐 소금 적당히 넣야지.

masa 마사 설마, 정말

마사 따디 안디 민따 디바야린 마깐 시앙
A **Masa** tadi Andi minta dibayarin makan siang? 설마 안디가 점심 사달라고 했다고?

오 야? 마사 시, 디아 깐 오랑 까야
B O yah? **Masa** sih, dia kan orang kaya. 그래? 설마, 그 사람 부잔데.

pantesan 빤뜨산 어쩐지 * 표준어 pantasan 빤따산

루시, 꼭 시 주연 구에 빵길 각 넹옥 야
A Lusi, kok Si Juyeon gue panggil gak nengok yah? 루시, 내가주연을 불렀는데, 뒤도 안돌아보네?

* nengok 넹옥 뒤돌아보다

이야, 디아 라기 자뚜 찐따 뚜
B Iya, dia lagi jatuh cinta tuh. 어, 주연 지금 사랑에 빠졌어.

* jatuh cinta 자뚜 찐따 사랑에 빠지다

빤뜨산, 다리 따디 구에 빵길 응각 자왑
A **Pantesan**, dari tadi gue panggil nggak jawab. 어쩐지, 아까부터 내가 불렀는데, 주연이 대답을 안해.

줄임말 및 자주 쓰는 단어

rese
레세

귀찮은, 성가신, 짜증난

수빠야 띠닥 비낀 마살라 바루, 루 스바익냐 장안 레세 라기
A Supaya tidak bikin masalah baru, loe sebaiknya jangan rese lagi.
또 문제 안 생기도록 하려면 너 나 귀찮게 하지마.

이야 데, 라기안 구에 주가 까뽁 사마 마살라 이니
B Iya deh, lagian gue juga kapok sama masalah ini.
알았어, 이번 일을 계기로 나도 느낀게 있어.

* supaya 수빠야 ~하도록, ~하기 위해
* masalah 마살라 일
* kapok 까뽁 어떤 나쁜 일을 겪은 후, 다시는 그렇게 되고 싶지 않다는 뜻
* lagian 라기안 게다가

---

sebel
스블

불쾌한, 짜증나는, 싫은

로 꼭 스블 방읏 깔로 끄뜨무 시 또니
A Loe kok sebel banget kalo ketemu Si Toni?
너 또니만 만나면 왜이리 짜증내?

구에 빨링 스블 깔로 리핫 쪼옥 므로꼭
B Gue paling sebel kalo lihat cowok merokok.
나는 담배피는 남자 보는게 제일 싫어.

한번만 읽어도 *머리에 쏙쏙~*

2. 구어체에서 어감을 나타내는 표현

kok 꼭

놀람, 의아함

껴마린 로 끄나빠
❶ **A** Kemarin loe kenapa? 지난번에 너 왜 그랬어?

응각, 꼭. 띠닥 아빠 아빠, 꼭
B Nggak, kok. Tidak apa-apa, kok. 아니, 아무일 없었는데.

헤이, 윌리암! 꼭 로 다땅? 로 스 하루스냐 꺼르자 깐
❷ **A** Hey, William! Kok loe datang? Loe se harusnya kerja kan.
헤이, 윌리암! 왔네? 너 원래 일해야하잖아.

＊ se harusnya 스 하루스냐 원래 ~해야 하는

이야, 따삐 구아 띠바 띠바 디수루 뿔랑
B Iya, tapi gua tiba-tiba disuruh pulang. 어, 근데, 갑자기 집에가라고 하던데.

＊ disuruh 디수루 ~하라고 하다(수동태)

sih 시

의아함, 약간의 짜증 섞인 불만, 궁금증을 나타냄

까따냐 로 우다 뿌뚜스 사마 빠짜르 로 끄나빠
❶ **A** Katanya loe udah putus sama pacar loe. Kenapa? 너 애인이랑 헤어졌다며? 왜 헤어졌어?

＊ putus 뿌뚜스 헤어지다

이야, 디아 오랑냐 쁠릿 시 단 디아 주가 부아야 꼭
B Iya, dia orangnya pelit sih dan dia juga buaya kok. 그 남자 짠돌이에다 바람둥이더라고.

＊ pelit 쁠릿 짠돌이, 짠순이

이, 꼭 기뚜 시
A Ih, kok gitu sih? 어, 뭐 그래?

＊ buaya (darat) 부아야 (다랏) 바람둥이
원래 buaya는 악어란 뜻인데, 마구 잡아먹는다 는 악어의 상징적인 의미를 나타내 바람둥이란 뜻으로 쓰인다.

렌, 구에 볼레 각 민즘 부꾸 스자라 로
❷ **A** Ren, gue boleh gak minjem buku sejarah loe? 렌, 너 역사책 빌려도 돼?

＊ minjem 민즘 빌리다
sejarah 스자라 역사

아다 아빠 시? 꼭 띠바 띠바 민즘
B Ada apa sih? Kok loe tiba-tiba minjem? 왠일이야(뭔일이야), 갑자기 책을 빌려달라고 하고.

＊ tiba-tiba 띠바-띠바 갑자기

구어체에서 어감을 나타내는 표현

dong 동 애교 석인 말로 부탁하거나 물을 때

장안 기뚜 동
❶ A Jangan gitu dong! 그러지 마~

민따 에스 끄림 동
❷ A Minta es krim dong! 아이스크림 주세요~

떼디, 아요 동 다땅 끄 시니, 끼따 행아웃 바릉 바릉
❸ A Tedi, ayo dong datang ke sini, kita *hang out* bareng-bareng!
테디, 여기 와서 우리 같이 놀자.

야, 구에 소리 방읏 니. 구에 바루 띠바 디 루마, 바단 구에 짜뻬 스무아 니
B Yah, gue sori banget nih. Gue baru tiba di rumah, badan gue cape semua nih.
어. 나 정말 미안. 나 이제 집에 도착해서 온 몸이 피곤해.

---

deh 데 ~로 하죠, 뭐

부, 마우 삘리 양 마나
❶ A Bu, mau pilih yang mana? 아주머니, 어떤걸로 하실래요?

*pilih 삘리 고르다, 뽑다

양 히땀 아자 데
B Yang hitam aja deh. 그냥 검은색으로 하죠 뭐.

양 바구스 아자 데
Yang bagus aja deh. 그냥 좋은걸로 하죠 뭐.

양 무라 아자 데
Yang murah aja deh. 그냥 싼걸로 하죠 뭐.

만, 로 이끗 응각? 장안 라마 라마 미끼르냐
❷ A Man, loe ikut nggak? Jangan lama-lama mikirnya.
만, 너 같이 갈래, 안갈래? 너무 그렇게 고민하지 마.

*mikir 미끼르 생각하다

> mikir는 memikir 므미끼르 란 생각하다는 단어에서 me를 생략한 것이다.
> mikir + -nya

이야 이야 구에 이끗 데
B Iya, iya, gue ikut deh. 그래 그래. 나 간다 가.

---

wah 와 놀람을 표현할 때 영어의 wow

와 바주 로 바구스 방읏. 블리 디 마나
A Wah, baju loe bagus banget. Beli di mana? 와, 너 옷 진짜 좋다. 어디서 샀어?

띠닥 블리, 디까시 아마 빠짜르 구에 니
B Tidak beli, dikasih ama pacar gue nih. 산게 아니라 내 애인한테 받은거야.

> kasih 까시 가 주다란 뜻인데, 원형 앞에 di가 붙어 수동형으로 되어 dikasih 디까시받다란 뜻이된다.

nih = ini
니 = 이니

이거, 자~, 어~

마르따, 부꾸 구에 까빤 로 발릭낀
❶ **A** Marta, buku gue kapan loe balikin? 마르타, 너 빌려간 책 언제 돌려줄거야?

니! 이니 구에 발릭낀 스까랑
B Nih! gue balikin sekarang. 이거! 지금 돌려줄게.

＊balikin 발리낀 돌려주다

에, 구아 주가 디바기 동
❷ **A** Eh, gua juga dibagi dong! 야, 나도 좀 나눠죠!

니, 사뚜 부앗 까무
B Nih, 1 buat kamu! 자, 이거 하나 너꺼다.

주연 뚬벤 로 마깐냐 바냑
❸ **A** Juyeon tumben loe makannya banyak. 주연 왠일이야, 너 왜이리 많이 먹니.

＊tumben 뚬벤 웬일이야

이야 니, 구에 하리 이니 라뻐르 방읏
B Iya nih, gue hari ini laper banget. 어, 나 오늘 엄청 배고파.

---

yuk
육

같이 ~하자

뜨마니 구에 블리 바주 욕
❶ **A** Temani gue beli baju yuk! 나랑 같이 옷 사러 가자.

＊temani 뜨마니 함께가다, 동행하다

육! 볼레 주가 뚜
B Yuk! Boleh juga tuh! 그러지 뭐, 가자.

대화 ❷

Budi: 모나, 은따르 소레 논똔 바릉 구아 육
Mona, ntar sore nonton bareng gue yuk! 모나, 이따 오후에 나랑 같이 영화보자.

Mona: 볼레 주가, 잠 브라빠
Boleh juga, jam berapa? 그러지뭐, 몇시에?

Budi: 야 떠르스라 로 비사냐 잠 브라빠
Yah terserah loe bisanya jam berapa? 어, 너 편한대로해. 너 보통 몇 시에 되는데?

Mona: 오께, 깔로 기뚜 잠 리마 소레 야
Ok, Kalo gitu jam 5 sore yah. 그래, 그럼 오후 5시에 보자.

(후에 모나가 친구들한테 달려가서 말하길)

Mona: 에, 구에 바루산 디아작 논똔 시 부디 니
Eh, gue barusan diajak nonton sama Si Budi nih. 야, 나 방금 부디가 같이 영화보자고 했다.

Tuti: 와, 람뿌 히자우 동
Wah, lampu hijau dong. 오, 작업들어가네.

＊lampu hijau 히자우 작업걸다

구어체에서 어감을 나타내는 표현

tuh= itu
뚜 = 이뚜

저

에, 마리아 아낙 바루 이뚜 시아빠 시
❶ A Eh, Maria anak baru itu siapa sih? — 신입생 마리아란 사람 누구지?

마리아 뚜 아낙냐 빡 도센
B Maria tuh anaknya Pak dosen. — 아 그 마리아, 교수님 딸이야.

에, 로 리핫 까르뚜 끄레딧 구에, 각
❷ A Eh, loe lihat kartu kredit gue, gak? — 야, 너 내 신용카드 어딨는지 봤어?

뚜 아다 디 아따스 메자 디 달람 까마르
B Tuh ada di atas meja di dalam kamar. — 그거, 방 안 책상 위에 있어.

내 발음 VS 인도네시아어 발음

앱으로 체크하며 인도네시아어를 학습한다!

Digis 와 KeyBox 가 만나 사고쳤다!!

mp3무료다운은 기본,
어젯밤에 책으로 본 내용을 앱으로 복습하고 예습한다!

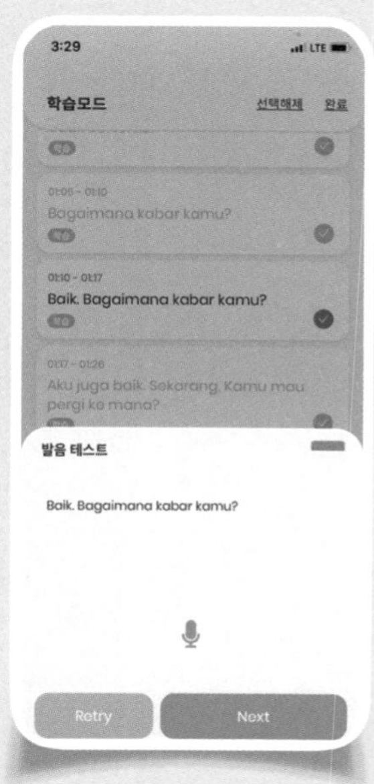

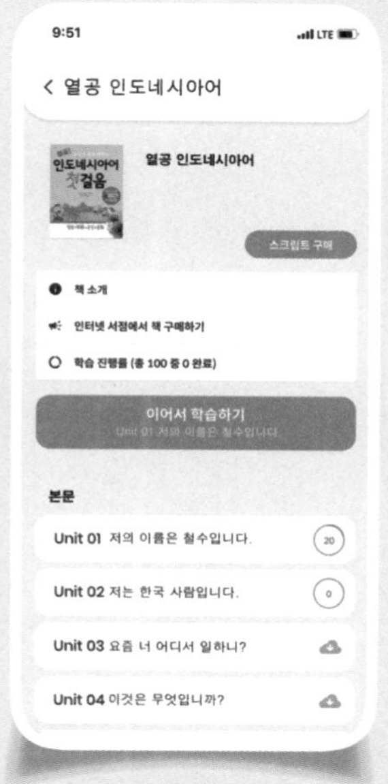

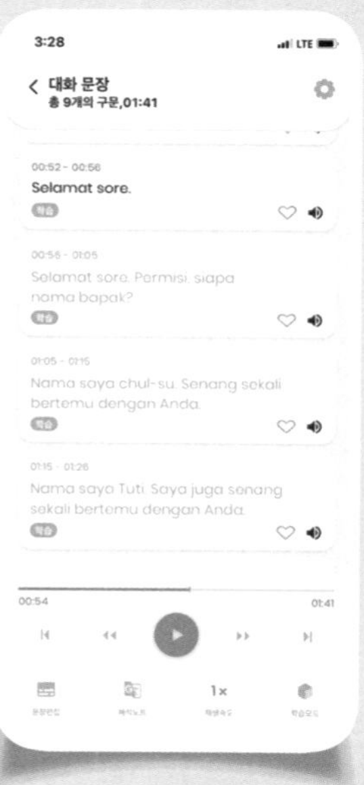

- 내 발음과 인도네시아어 발음의 차이를 앱으로 체크하고 학습하는 시대!
- 앱으로 내가 설정한 학습루틴에 따라 앱이 학습진도를 확인하고 알려 준다
- 책 없이 앱으로 원어민의 mp3와 인도네시아어 텍스트를 보면서 듣는다!

애플 앱스토어에서
키박스 플레이어 앱을 다운로드 받으세요

구글 플레이에서
키박스 플레이어 앱을 다운로드 받으세요

* 앱의 일부 기능은 유료입니다.